高校体育教学方法与实践研究

吉顺龙　段振峰　杨　洋　著

中国民族文化出版社

北　京

图书在版编目(CIP)数据

高校体育教学方法与实践研究／吉顺龙，段振峰，杨洋著. --北京：中国民族文化出版社有限公司，2024.6（2025.6 重印）

ISBN 978-7-5122-1920-5

Ⅰ.①高… Ⅱ.①吉… ②段… ③杨… Ⅲ.①体育教学-教学研究-高等学校 Ⅳ.①G807.4

中国国家版本馆 CIP 数据核字（2024）第 109389 号

高校体育教学方法与实践研究

GAOXIAO TIYU JIAOXUE FANGFA YU SHIJIAN YANJIU

作　　者	吉顺龙　段振峰　杨　洋
责任编辑	张　宇
责任校对	孙　洋
出 版 者	中国民族文化出版社　地址：北京市东城区和平里北街 14 号
	邮编：100013　联系电话：010-84250639　64211754（传真）
印　　装	三河市同力彩印有限公司
开　　本	787mm ×1092mm　1／16
印　　张	12.875
字　　数	257 千
版　　次	2025 年 6 月第 1 版第 2 次印刷
标准书号	ISBN 978-7-5122-1920-5
定　　价	48.00 元

版权所有　侵权必究

前　言

体育教学历史悠久，古已有之。随着人类社会的发展，体育教学经历了一个不断充实、完善的过程。在其发展的过程中，现代体育教学逐渐发展成科学的教学、全面的教学，培养德、智、体、美全面发展人才的教学。如今体育教学越来越受到人们的重视，在社会中发挥着越来越重要的作用。

随着我国社会经济的不断发展，越来越多的大学生开始热爱体育、关注体育，并热衷于参加体育运动。提高全民健康素养、身体素质，加大学校健康教育力度，已成为目前体育改革中的重点研究课题。大学生是社会的一个特殊群体，其健康状况对自身学习以及今后参加社会工作都会产生非常重要的影响，体育锻炼在促进学生全面发展方面有着不可低估的作用。保持健康的体魄也成为现代大学生追求的重要生活目标之一。体育课培养与实施科学健身，不仅对提高体质具有重大而深远的意义，也是他们养成健康生活方式的重要途径。

本书从高校体育教学概述入手，介绍了体育教学的产生与发展、特点与目标等内容，同时探讨了"以人为本""健康第一""终身体育"等高校体育教学理念，分析了高校体育教学的主要现状。本书还阐述了常见的体育教学的方法与应用，以及高校体育教学中分层次教学法、体验式教学法、互动式教学法的应用与教学方法创新策略研究，目的在于分析现阶段体育教学的成绩以及不足之处。随后重点探讨了体育教学的优化、方法体系的创新，以及教学评价体系的建设与发展，最后总结了新时期高校教学改革的策略。

体育教学与其他学科不同，需要学生与教师真正做到活动自己的肢体，教学中存在的问题也比较多。因此，教学课程设计、教学组织管理都应予以高度重视，既要培养学生们的体育运动能力，又要保障学生们的身体安全。最后，高校体育教学方法也需要不断创新，以适应时代的变化，借助优势环境加大改革力度，帮助学生们更加热爱体育，实现终身教育。

本书的创作过程中，参考和借鉴了国内外许多专家、学者的研究成果，在此表示最诚挚的谢意。由于作者能力有限，加之时间仓促，书中难免有缺漏和不妥之处，望广大读者给予批评和指正。

目　　录

第一章　高校体育教学概述 ·· 1
　　第一节　体育教学的产生与发展 ·· 1
　　第二节　体育教学与高校体育教学 ···································· 14
　　第三节　高校体育教学的功能 ·· 20
　　第四节　高校体育教学的特点与目标 ································ 28
　　第五节　高校体育教学的任务与原则 ································ 38
第二章　高校体育教学理念 ·· 45
　　第一节　"以人为本"教学理念 ·· 45
　　第二节　"健康第一"教学理念 ·· 52
　　第三节　"终身体育"教学理念 ·· 58
第三章　高校体育教学现状分析 ·· 64
　　第一节　我国高校体育教育教学的现状及问题分析 ············ 64
　　第二节　现代体育教育的改革与发展趋势分析 ·················· 69
第四章　高校体育教学方法概述 ·· 77
　　第一节　高校体育教学方法及内容的关系 ························ 77
　　第二节　高校体育教学方法及创新教育的探讨 ·················· 81
第五章　高校体育教学方法的应用研究 ································ 84
　　第一节　高校体育教学中分层次教学法的应用 ·················· 84
　　第二节　高校体育教学中体验式教学法的应用 ·················· 88
　　第三节　高校体育教学中互动式教学法的应用 ·················· 93
　　第四节　高校体育教学方法创新策略研究 ························ 98

第六章 高校体育教学的优化 ·················· 102
第一节 高校体育教学方法的优化 ·············· 102
第二节 高校体育教学内容的优化 ·············· 106
第三节 高校体育教学环境的优化 ·············· 113
第四节 高校体育教学过程的优化 ·············· 118

第七章 现代体育教学方法体系的创新发展 ············ 129
第一节 常见体育教学方法及科学选用 ············ 129
第二节 现代体育教学方法体系的构建 ············ 140
第三节 高校体育创新教学方法的发展 ············ 141

第八章 现代体育教学评价体系的建设与发展 ··········· 147
第一节 体育教学评价概述 ················· 147
第二节 体育教学评价的规范与落实 ············· 155
第三节 现代体育教学评价体系的构建 ············ 159
第四节 体育教学评价的改革与发展 ············· 162

第九章 新时期高校体育教学改革策略探究 ············ 166
第一节 体育教学改革及其动力 ··············· 166
第二节 现代信息技术下的教学方法改革 ··········· 174
第三节 目标教学与课程的创新设计 ············· 190
第四节 创新思维的运用 ·················· 196

主要参考文献 ························· 199

第一章　高校体育教学概述

随着社会的迅猛发展和教育水平的不断提高，我国对高校体育教学改革提出了更高的要求。为促进学生身心健康发展，激发学生体育兴趣，提升学生运动技能，增强学生身体素质，进一步培养符合新时代发展需要的高素质人才，我国需要加快体育教学改革的步伐。本章为绪论，分为体育教学的产生与发展、体育教学与高校体育教学、高校体育教学的功能、高校体育教学的特点与目标、高校体育教学的任务与原则五节。

第一节　体育教学的产生与发展

一、体育概念的界定

体育是什么？围绕这一问题，学者们从不同的角度进行了大量的探索，形成了一系列的研究成果。学术界当前对"体育"概念的界定是，体育是通过有规则的身体运动改造人的"自身自然"的社会实践活动。我们从中看出，体育的基本表现形式是人的有规则的身体运动，基本任务是对人自身的改造，作用对象是参与者的"自身自然"。

有的学者将"体育"定义为一种身体教育，他们认为，体育是以身体活动为手段，传授锻炼的知识和技能，以此达到强健身体、培养道德品质、塑造顽强意志的目的的有计划的教育过程。有的学者将"体育"视为一种社会文化现象。熊斗寅就是其中的代表性人物，他认为，体育是一种复杂的社会文化现象。它是以身体与智力活动为基本手段，根据人体生长发育、技能形成和机能提高等规律进行锻炼，以促进全面发育、提高身体素质、增强体质、提高运动能力、改善生活方式、提高生活质量为目的的有组织的社会文化现象。也有的学者将"体育"定义为一种社会文化活动。他们认为，体育是社会总文化的重要组成部分，既能对一定的社会政治和经济产生制约作用，又能为社会提供服务。还有的学者在时间纵向的意义上,以概念的演变为依据,以一定的时间线来划分,从古代体育到近代体育再到现代体育,分别对梳理和总结这三个时期的"体育"概念。

综合以上学者关于"体育"概念的研究成果,本书将"体育"定义为一种包含丰富内涵的以身体练习作为基本手段的为增强体质和促进人的全面发展、丰富社会文化生活和促进人类精神文明发展而开展的有意识、有目的、有组织的社会文化活动。

二、体育教学的产生与初步发展

(一)原始社会时期

原始人群的生活环境极为恶劣,而在恶劣的环境下为了增加生存的本领,原始教育应运而生。原始教育的内容以渔、猎、农作等劳动技能和生活经验为主,其中在练习"渔"的过程中人们发明了工具——骨鱼钩和鱼镖,在练习"猎"的过程中,人们练习奔跑、跳跃,于是,随着生产力的发展衍生出猎射和弩射。原始教育的教育者主要是身强体健且怀有技能的氏族部落首领,教育的方式以简单的口耳相传、观察模仿为主,通过长者言传身教的方式传递给年轻者。原始社会的教育带有浓厚的体育教育特征,显示了体育是在人类社会长期的劳动和生产过程中出现并逐步发展而来的。

(二)奴隶社会时期

1. 夏、商时期

夏朝的统治者为了政权的稳定创建了学校培养自己的子弟。据古籍记载,夏朝的学校有"庠""序""校"三种形态。"庠"是继承原始社会虞舜时代的学校形态,主要用来进行道德、经验、知识的伦理教学;"序"原作练习射箭场地,在夏朝成为军队进行身体训练的场所;"校"最初是养马的地方,在夏朝成为表演和摔跤的地方。三种学校虽然在形态上有所区别,在授课内容上不同,但都体现出学校体育服务于统治者巩固统治的需要。

商朝时已有了学校教育制度,且出现了新的学校形态,古籍记载称之为"瞽宗"。在甲骨文字的记载中,"瞽宗"是主要进行读、写、算等一般知识教学的场所,而通过对甲骨文中象形和会意字的研究发现,体育教育已成为商朝学校教育的重要内容。

2. 西周时期

西周时期的学校教育制度承自夏朝,呈现出"学在官府"或"学术官守"的特点。因此,西周的学校分为两大类别——国学和乡学。二者在学生来源上呈现较大的差别，国学的学生主要来自中高级的贵族子弟，乡学的学生主要是下级奴隶主和平民百姓的子弟。国学由小学和大学组成，乡学则以"庠""序""校""塾"等小学形式存在。然而，不论是国学还是乡学，在授课内容上都是以"六艺"为基础的教育内容，这主要是由于统治阶层在国家控制上要求统一。

作为西周各类各级学校教育基础内容的"六艺"，已形成了"文武合一"的内容结构形式。其中包含体育课程较多的是"射""御""乐"，三者在教学环节和教学目标上充分显示出西周时期学校体育教育组织严谨、章法分明的特点。"射""御""乐"以教育教学为基本方式，以日常身体训练为基本手段，寓德育于体育之中，在学校教育中充分展现了体育的职能。

3. 春秋战国时期

春秋战国时期是我国历史上两种社会制度的过渡时期——奴隶制处在崩坏边缘，封建制度尚未建立。但社会发展并未停下前行的脚步，一种新兴的阶层——"士"悄然出现，并对文化和教育领域产生影响："学在官府"发展为"学在民间"，私学得到了进一步的发展。当时较有建树的士族代表有儒家、道家、墨家、兵家、医家等，其私学中体育的发展和体育思想的呈现对当时和后世的影响较为深远。各家私学在大力宣扬自家政治主张的同时，也展现了各自不同的体育教育思想，而且都十分默契地强调了体育的重要性，表明各家在人才的选拔中注重文武结合。春秋战国时期确立的"文武兼备"思想，为我国学校体育教学的发展奠定了基本思想，各家体育思想的争鸣也为体育文化的繁荣做出了极大的贡献。

（三）封建社会时期

1. 秦汉三国时期

秦汉三国时期是我国封建社会制度基本形成和初步发展的重要时期，社会政治、经济和文化都出现了较大的变化，尤其是农业、手工业和商业的发展，带来了城市的初步繁荣。随着封建政权的确立和"重文轻武"思想（早在春秋战国时已显现）的影响，汉武帝即位后实行了"罢黜百家，独尊儒术"的政策。

伴随"罢黜百家，独尊儒术"思想的确立，在学校教育中"五经"成为教育的主要内容。当时统治者采取了重视社会教化的重大举措，使得"五经"中的《礼经》成为儒家进行体育教育的基本模式。另一重大举措是官员的举荐、选拔以精通经术为标准，故而文人墨客都提出要"去武行文，废力尚德"，并在实际中积极推行。

当时，在学堂里一些活动量小而非对抗性的体育项目为文儒雅士所推崇，如投壶、弹棋。作为学校教育重要内容和儒家经典的"六经"，《乐经》的失传，使体育教育大为逊色，导致学校体育逐渐走向衰落。儒家所倡导的"重文轻武"在很大程度上影响了当时的体育教育价值观。儒家片面讲究外表举止斯文的容态美，使得体育成为"不急之末学"。

东汉时期，"重文轻武"的思想愈演愈烈，社会上普遍认为从军或行武不论是在政治上，还是在经济上，均无实惠可言。社会上几乎无人进行身体训练，成为这一时期学校体育教育发展的阻碍。

2. 两晋南北朝时期

两晋南北朝时期，各国处于战火不断、领土纷争不停的状态下，致使文化教育事业的发展形成了战斗区和非战斗区差异极大的局面，特别是体育教育的发展。在北方，长期的战乱使得人们远离了正常的生活，社会经济发展遭受重创，同时也阻碍了北方地区教学场所中体育文化的发展。在南方，社会经济获得了一定程度的发展，为后期体育教育的发展创造了重要的物质基础。

总体说，两晋南北朝时期，社会动荡不安，政治、经济、文化的发展受到阻碍，社会进步大大减慢。此时的学校教育较为混乱，在官学中几乎排除了体育教育内容，"重文轻武"的社会风气极其严重。而在南北朝时期，民族矛盾的不断激化及北方少数民族文化的融入，抑制了"重文轻武"的风气：一是少数民族尚武、豪放的精神风貌对文弱之风盛行的南方士人造成了极大的冲击，南方士族也受到了潜移默化的影响；二是少数民族的妇女在家中和族中受到尊重，吸引了南方妇女积极开展体育锻炼。

战乱频繁必定伴随着统治阶层对军事武艺活动的重视。两晋南北朝时期，军事武艺得到了一定的发展。众多人练习射箭，其中射技高超者良多，且大多数人在童年时期就跟随教师或家中长辈学习射箭，长时间练习且较早开蒙让他们拥有了娴熟的技术。当时狩猎是展示射箭技艺的舞台，统治者往往会奖赏射箭出众者，这对射箭技术的发展起到了一定的推动作用。

在军事训练中，以跑、跳、投为代表的陆地训练技能和以游泳为代表的水上训练技能都属于身体教育的一部分，而由于社会动荡、战事频仍，在这些技能上有突出才能者往往更易在战争中获得军功，因而颇受统治者的重视。两晋南北朝时期所形成的崇尚武艺和军功的社会氛围，使得人们拥有了对身体进行训练的观念，成为隋唐时期"开放进取"社会风气形成的基础。

3. 隋唐五代时期

经历了南北朝时期连年战争之后，在国家安定、社会经济繁荣的局面下，隋唐统治者意识到军事实力强大对王朝长盛不衰的重要性。因此，十分重视普通民众和军队人员的身体训练，隋唐时期的体育教育也得到了一定程度的复兴。

隋朝建朝时间不长，但其在教育制度上较之前朝有很大突破，体现在创设了管理教学场所的教育行政专职部门——祭酒，专掌教育事业，这是专门教育行政长官的开端。唐朝的官学主要教授的内容是儒家的经学，此外还有人文社会科学，如算学、医学、天文学等。唐朝的教育事业较为发达，除官学外，还存在一定数量的私人讲学和蒙学。不论是官学还是私学，军事训练和体育科目在其授课内容上都占据很少的比重。

促进隋唐时期学校体育发展的重大因素是唐朝武举制度的创立。武举同文举一样，用考试的方法来选拔武官。根据对隋唐时期古籍记载的分析，武举的考试内容大致有三部分：一是测试武艺技术，主要是射箭和长枪；二是测试力量和体力，主要是翘关和负重；三是测试身材和言语。准备应试武举的人，就如同现代社会竞技体育预备队的队员一样，要从小开始习武，锻炼身体。武举作为一种国家制度化选拔人才的机制，为体育教育的发展创造了新的形式。在武举制度推动下，社会习武之风盛行，一些文人学士纷纷摒弃对习武的刻板印象，着手习武应试。统治阶级对这一举动予以肯定，并给予极大的鼓励和支持，使得社会上形成了一批文武兼备的人才。

唐朝时期首创的武举制度，在千百年来人们"学得一身本领报效国家"的观念下，引起了人们广泛的关注，调动了民众武艺学习的积极性，有力地推动了民间习武活动和社会"尚武"观念的快速发展。伴随着武举制度创立而产生的武艺教育更是促进了学校体育教育的发展，同时为唐朝的军队建设和朝政稳定培育了一大批武勇人才，对古代中国身体教育和体育教育的发展具有特殊的意义。

4. 宋辽金元时期

北宋结束了自唐末黄巢起义以来近百年藩镇割据混战的局面，完成了全国大部分的统一，为经济和文化教育的开展提供了条件，尤其是长时间战乱后，随着市民阶层的扩大，教育活动和体育活动都拥有了更好的发展空间。辽朝和金朝一样，都是多民族组成的国家，在体育活动上呈现出民族特色，且在民族交往融合中有汉化的趋势。民族的大融合在元朝时期表现得更为明显，在体育方面表现为继承和发展了元朝以前的许多体育成就，出现了军事训练和身体教育等多种活动共同协调发展的形势。

宋仁宗时期，宋朝统治区域的边陲地区战乱不断，统治者深感军事人才的匮乏，便由朝廷出面设立了培养能带兵打仗人才的教育教学场所——武学。宋朝武学每三年招一期，以选拔文武官员中谙熟兵法的战略决策者。武学学生的生源有一定的限制条件，入学者需是大臣命官的子弟或门生，或是由京城官员做担保的中小地主子弟。武学的教学内容以理论与实践相结合为主：理论部分以军事理论为主，配有专门的教材"武经七书"；实践部分包括身体训练技术和军事指挥，朝廷将给学生一定数量的兵卒，让学生实际训练操用，提高他们的军事实践能力（军事知识的运用水平）。虽然统治者对武学教育与管理的重视很大程度上促进了体育教育的发展，但武学制度归根结底是为国家培养武备力量和军事人才的，是为了应对战事、巩固政权的需要。

辽金元时期的体育教育发展相对羸弱，主要是由于统治人员大多由北方少数民族构成，一些民族还存有原始社会的朴厚民风，进驻中原后，还处于一个不断学习、吸收其他民族优秀文化的阶段。其中，金朝统治者继承宋朝的武举制度，且更为严格、更加公正。武举的延续，也是各少数民族"尚武"精神延续的重要原因之一。

宋朝的统治者重视军事武艺，创立了武学。同时，宋朝在政治、经济、文化上的发展给予了体育一个较好的发展条件。但随着"程朱理学"的兴起，体育文化受到压制，重静坐、轻活动的思想形成，重文轻武的观念进一步发展，宋朝成为中国古代体育衰退的开始。

5. 明朝时期

明朝建朝初期，统治者汲取金、元时期少数民族入主中原的教训，强调文武兼备，尤其重视对射箭技术人才的培养，在全国的教学场所内增添习射之场，要求身体教育的内容必须有射箭。明朝同样延续了宋朝朝廷出面设立培养能带兵打仗的教育教学场所的做法，先后建立卫儒学、京卫武学、三镇武学并逐步完善。

卫儒学设立于洪武年间，设立的初衷是希望改善由于武官世袭制所导致的朝廷缺乏可用武官的局面。因此，其教学对象（受教育者）为武官及其子弟。虽然卫儒学的教育内容仍以"四书五经"和"武经七书"这种理论性的知识为主，但其提出的对武官及其子弟的严厉惩罚和相应的措施提升了武官子弟习武、学文的风气，保证了明初武官的素质。

京卫武学设立于建文四年（1402），以两类教材教授武生：一类是儒家经典；另一类是"武经七书"和《十七史百将传》。虽然统治者设立武学是为了提升武官的素质，但统治者并未明令要求其子弟必须成为武官。因此，在"重文轻武"的社会大环境下，很多武官子弟选择参加文举。这一现象引起了诸如戚继光等社会良知人士对武官教养体制的思考，他们开始了建立新武学的努力。

三镇武学设立于隆庆五年（1571），其教学内容紧跟将领之才培养的需要，在教授武学学生诸多军事理论的基础上,辅以实际军事指挥操作,培养了一批较为优秀的武官人才。

明朝卫儒学、京卫武学、三镇武学的不断完善与发展,也是当时的教学场所和体育教育不断发展、完善并走向制度化的过程。明朝所延续并不断创新发展的武学与武举,不仅培养出了优秀的武官人才,而且对社会习武风气的形成也有一定的促进作用,同时促进了以武术为教学内容的学校体育的发展。但值得注意的是,卫儒学、京卫武学、三镇武学的教育对象皆为武官子弟。因此,明朝武学是一种武官子弟学校。随着封建社会的延续以及中央集权的高度集中,古代中国学校体育开始走下坡路。

6. 清朝时期

清朝的统治者奉行入乡随俗的政策,在入主中原后,就延续了明朝时期的武举政策,且统治者下诏当年即举行武举考试,以为朝廷吸纳更多的人才。但清朝并没有建立专门的武学,只是在正常的教学场所中进行武艺教学和儒家经典的学习,从而形成了具有清朝特色的系统化的学校教育体系。

清朝所设立的官办学校,在教育对象上具有明显的阶级划分和君臣划分,且在京城的国学只接收满族子弟。觉罗学的教育对象阶级最高,以皇族统治阶级爱新觉罗氏的子弟为主,这也是"觉罗学"名称的由来。觉罗学以满书、汉书(经史)和骑射为主要教学内容。宗学的教育对象的阶级次于觉罗学,以宗族内的子弟为主。宗学也被称为皇族子弟学校,其教学内容以清语、翻译和骑射武艺为主。八旗官学的教育对象次于宗学,满族以八旗作为军队和户口的编制制度,八旗官学是八旗子弟的学校。这三类学校虽然阶级属性较强,但在教育内容上不仅教文,而且教武,且侧重于武的教学,此种办学价值观对身体教育和体育的发展具有积极影响。以上三类学校有明显的阶级属性,但其都是朝廷设立、地处京城的教学场所。朝廷在各州府县也设立了教学场所,学习内容以骑射、"武经七书"、《十七史百将传》和"四书"等为主。

随着清朝入关对武举的高度重视,体育教育在官学中得到了较好的发展,且由于古代中国的宗族观念较强,习武群体具有很强的家族性或宗族性,于是社会渐渐出现了凭借武举出身的武官家族。但随着后来因政治原因而荒废的内场的策论考试,武举制度逐渐废止。1840年的鸦片战争极大地挑战了古代中国延续已久的人才培养、选拔制度,迫使清政府不得不取消武举和武学,寻求培养适合社会发展的军事人才的学校体育教育体系。

三、近现代体育教学的发展状况

（一）清末时期

在清末"新政"的实行过程中，有关废除科举、兴办新兴学校等改革章程的颁行，标志着一种新的教育制度在中国的初步确立，标志着近代学校体育课程在中国第一次被列入教育制度中，体育课程的设置也开始在各级各类学校中固定下来。随着近代体育教育制度的初步建立，以早期体育师资培养以及体育组织与运动竞赛在各学校中的建立、近代学校体育开始得以实施。

《奏定学堂章程》颁布后，新学堂的增加、学生人数的激增及"体育科"作为各级学堂的必修科，引发体育师资缺乏这一突出问题。1906年，清廷学部通令全国各省于省城师范学堂"附设五个月毕业的体操专修科，授以体操、游戏、教育和教授法等，名额百名，以养成小学体操教习"。

早期的体育师资教育主要是由一部分留日学生回国创办的，教育形式包括短期体育教师训练班、传习所、公私立体育专门学校和体育专修科。创办者中代表性的人物主要有在浙江绍兴创办大同师范学校的徐锡麟、陶成长，1908年在上海创办中国体操学校的徐一冰、徐傅霖，以及1907年在上海创办中国女子体操学校的王季鲁与徐傅霖之妻汤剑娥。然而，受当时条件的限制，这些学校输送的学员，多数采取一年半载速成，质量不高，数量有限，但他们对近代学校体育的具体实施做出了一定的贡献。

在这段时期，运动竞赛的举办为新兴学校体育的发展创造了条件。在近代学校体育的实施过程中，除了以培训师资充实新兴学校、提高教学质量外，各级各类学校还不断举办各种校际的运动会。例如，1898年，由北洋大学总办王绍权和总教习英国人丁嘉立倡议，清朝举办了中国近代历史上最早的校际运动会。1903年，烟台阁滩运动会举行。由于沿海地区与海外交往比较便利，学校体育的发展也较迅速，校际运动会渐多，项目也逐渐增加。如1906年的湖南长沙运动会，增加了武术表演；1907年在南京举办的号称"江南第一次联合运动会"的"宁垣学界第一次联合运动会"，则是当时规模最大的一次校际运动会，共80余校参加，设置了游戏、体操类等69个项目。

（二）民国时期

民国时期的各种教育法令促进了学校体育发展的日益完善。1912年1月，南京国民政府设立了教育部，颁布了《普通教育暂行办法》《普通教育暂行课程标准》等法令。1912年9月，南京国民政府又公布了新学制"壬子学制"。之后南京国民政府又陆续发布的几种学校法令因与"壬子学制"不同，于1913年被合并，合并后的学制称为"壬子癸丑学制"。在这一新学制中，把学堂改称为学校，学制比清末的"癸卯学制"缩短了3年，规定了男女有平等受教育的机会。新学制与教育部公布的各级学校法令，一起对各级学校的体操做了如下规定。

小学学制分为初等小学4年，高等小学3年；初等小学设7门课程，其中有一门为体操课；一二年级的体操课和唱歌合并，每周4小时；三四年级的体操课每周3小时；高等小学的体操课各学年均为每周3小时。在体操课的学习内容上，初等小学宜授游戏，渐及普通体操；高等小学宜授普通体操，加时令游戏，男生加授兵式体操。

中学学制4年，开设体操课，男生每周体操课3小时，女生每周2小时。设置体操课的目的是"使身体各部分平均发育，强健体质"。体操内容分为普通体操、兵式体操两种（女子中学体操课免兵式体操）。

师范学校的体操课与中学学校基本相同，时间上男生每周体操课4小时，女生前3年每周3小时，第4年为2小时，内容以普通体操、游戏及兵式体操为主，并注重学习"教授法"。

高等学校学制为预科3年，本科2年。预科各学年每周体操课3小时，包括普通体操、游戏及兵式体操。本科不设体操课。

从上述体操的内容看，学校体操仍沿袭清末政府的教育宗旨——重视军国民教育。随着西方传入的各种竞技运动项目在课外的广泛开展，教育部明文规定在学校课外设立体育活动和组织运动竞赛，于是田径、球类、游戏等运动在课外有了合法地位，在学校中迅速发展起来。可见，"壬子癸丑学制"对当时学校体育的发展起了一定的推动作用。

(三) 近代末期

1. 学校体育教育趋向专业化

1928年，南京国民政府教育部公布实施"戊辰学制"，并公布了一系列涉及学校体育的法令，如1929年的《大学组织法》《专科学校法》，1932年的《小学法》《师范学校法》《职业学校法》等。这些法令和新学制的公布使学校体育体制得以完整建立。与此同时，一些有关体育课程和体育教授的标准与细目如《初级中学体育课程标准》《高级中学普通科体育暂行课程标准》《暂行大学体育课程纲要》《初中女生体育教授细目》等相继公布。这些"标准"与"细目"包括了学校体育的各个方面,如教学内容、活动时间等。这在一定程度上反映了当时体育学者的某些构想与愿望,标志着学校体育教育向专业化方向发展的趋势。但"放羊式"体育教学的出现放弃了教师的主导作用,而"选手体育"助长了锦标主义的泛滥,这些导致了学校体育的畸形发展。

2. 近代学校体育的成熟

体育师资的培养主要有四个方面的途径:一是派送留学(主要派往美、德、日、法等国家),这是当时进行师资培养的主要途径之一,包括政府派送公费留学、教会学校保送和通过私人关系自己去国外留学等不同类型;二是开办大学体育系(科),当时知名的培养体育专业人员的场所是国立中央大学(现台湾中央大学)体育系(科);三是举办短期训练班;四是开设一些私立的大学体育系(科)和体育学校。尽管在师资培养过程中因各种原因存在一些腐败现象,但它仍然为近代学校体育逐步走向成熟创造了条件。

3. 近代学校体育走向正规

由于"新学制"的施行、学校体育的变化以及女子体育的逐步实施,在1912年到1927年间,培训体育师资的体育学校以及培养体育专业人才的体操学校和体育专修科大量地涌现。例如,1915年创办的南京高等师范学校于1916年开设体育专修科,使体育专业教育有了较大的发展。这些学校的出现标志着近代学校体育开始迈向正规化。

(四)新中国成立后

1. 模式借鉴

(1)时期背景

新中国成立初期,我国处在从新民主主义革命向社会主义革命的过渡阶段。面对一穷二白、百废待兴的局面,国家急需建立完整的国民经济体系,发展工业,扭转落后的经济面貌。在当时的特殊国情下,党和政府必须对现有的人、财、物在集中控制管理下进行资源配置,即实施高度集中的社会主义计划经济体制。历史也证明了计划经济体制在快速发展国民经济、缓解社会矛盾方面的有效性。当时特殊的国际形势迫使我国实行"一边倒"政策,在政治、经济、军事、教育等许多领域借鉴了苏联模式。

(2)学校体育的发展情况

新中国成立早期,毛泽东曾针对学生健康状况差的问题做了"健康第一,学习第二"的指示。1951年,政务院发布《关于改善各级学校学生健康状况的决定》,强调学校体育的重要意义。1952年,教育部和中央体委联合发布的《学校体育工作暂行规定》中明确指出,我国学校体育的基本目标是促进学生身心发展,增强体质,并对学生进行道德品质的教育,使他们能够很好地完成学习任务,从事社会主义建设和保卫祖国。为了达到这一目标,1952年,教育部设立了体育指导处,团中央设立了军事体育部;1953年,各省、自治区、直辖市教育部门相继成立体育机构,自此我国的学校体育管理机制基本形成。同时,1952-1956年,教育部先后发布了《各级各类学校教育计划》和各教育阶段的体育教学大纲草案,国家体委发布了《准备劳动与保卫祖国体育制度》。依据教育部规定,从小学一年级到大学二年级,均开设体育必修课,每周2学时,以保证学校体育目标的实现。这些文件对规范学校体育工作、增进学生健康等方面起到了积极作用。

总体说,这一时期的学校体育以体育生物科学和教育科学为基础,模式上照搬了苏联的"劳卫制"。在实践过程中,除加强学生的共产主义教育外,还重点关注学生的体质,提倡强身健体、保家卫国。只是在照搬苏联模式的过程中,出现了一些不结合中国实际的情况。

2. 初步探索和曲折前进

从1956年9月中国共产党第八次全国代表大会召开,到1966年"文化大革命"开始之前,是我国社会主义建设的前十年。由于缺乏足够的经验,我国在建设社会主义的初期摸索中出现了一些问题,我国教育、体育也在这期间艰难曲折地发展。

1957年3月,教育部下发《关于1957年学校体育工作的几点意见》,对规范体育教学、保证体育质量提出了要求。同年5月,教育部下发《关于高等院校一二年级学生体育课不能改为选修课程的通知》,强调指出"高等院校一、二年级学生的体育课是必修课程,各校应根据本校条件,积极加强体育课的教学工作,提高教学质量"以及"凡已经把体育课免修或者选修的院校,应即在今年暑假开学时恢复起来"。

1960年冬开始,在"调整、巩固、充实、提高"八字方针指导下,教育部门在认真调查研究的基础上,先后制定、发布了《高教六十条》《中学五十条》《小学四十条》等文件,对各级学校教育工作进行了规范化管理。1961年,教育部重新修订了学校体育教学大纲。新大纲开始关注国情和学生的兴趣爱好。另外,为了服务生产和国防建设需要,学校体育中增加了军事体育项目,包括射击、游泳、防空、投掷、通信联络、军事野营、越野跑、攀登、武术等活动。新大纲主要是针对中小学体育的教学内容、方法和组织形式的调整,普通高校的公共体育教学开展仍以苏联的"三基"体育为指导。各级各类学校在上好体育课的同时,课外体育活动和业余运动队也逐渐开始发展。高校的课外体育活动发展尤为迅速，形式上以在班级、年级、院系组建各类运动队，开展多种比赛活动为主。只是，由于专业体育师资匮乏，许多高校的运动队在训练上缺乏科学指导。

这种情形持续到1965年毛泽东作出指示，高校才调整课外体育活动，重新加强了体育课教学。整体上看，在这一时期全国认真贯彻教育方针、执行新教学大纲，体育教学有章可循。

3. 波折

1966—1976年是"文化大革命"的十年，整体来看，这个时期我国的经济、文化建设基本上处于较混乱的状态。但在这一时期，以"劳动、军事体育"等形式存在的学校体育活动比以往开展得更"热烈"。学校中的"军体课"及后来发展起来的竞技体育活动，在当时比较受青少年学生欢迎。但学生对于真正的体育基本知识知之甚少，也缺乏技能练习和科学锻炼。在不发达省份或者县以下的地区，由于师资、设施奇缺，"放羊式"体育课十分普遍。

4. 逐渐规范

1978年颁布的《中华人民共和国宪法》中第13条规定："使受教育者在德育、智育、体育几方面都得到发展，成为有社会主义觉悟的有文化的劳动者。"同年，国务院批转国家体委《1978年全国体育工作会议纪要》，其中明确指出："要坚持普及与提高相结合的原则，进一步广泛开展群众体育活动，重点抓好关系两亿青少年健康成长的学校体育工作。"各级学校体育工作逐渐实现规范化发展。

1978—1979年，教育部先后重新修订、发布了《体育教学大纲》《高等学校普通体育课教学大纲》。1979年4月，中共中央提出对整个国民经济进行"调整、改革、整顿、提高"的方针。这一时期，国家体委对于全国体育运动的主管地位完全确立。1979年5月，全国学校体育卫生经验交流会在江苏扬州举行。同年，国家体委、教育部联合相继发出《全国学生体育运动竞赛制度》《高等学校体育工作暂行规定（试行草案）》以及《关于在学校中进一步广泛施行（国家体育锻炼标准）意见的通知》。

1980—1982年，国务院对体育管理体制进行了调整：一是撤销军体局，不再分军事体育和一般体育；二是国家体委下设训练竞赛司，成立各单项运动协会。根据此次调整，国家体育工作发展总目标是发展体育运动，普及与提高相结合；工作重心上，以竞技体育为先导，重点抓提高。学校体育工作目标以"增强体质"为主。这一时期，关于体育的概念、科学理论体系以及学科归属等问题，我国学术界展开了多次讨论，正式提出"体育"的广义和狭义定义。

据 1984-1985 年教育部、国家体委、卫计委、国家民委联合组织的对全国 29 个省、直辖市、自治区的 7-22 岁大、中、小学生的体质与健康调查结果，学生体质、健康状况仍然存在较大问题：学生体型继续向细长型发展，体重不足的问题较突出，男生占 28.9%，女生占 36.16%；视力不良的问题相当严重；身体机能等方面也不同程度地存在着各种问题。总体看，调查显示学生身体素质有待提高。

5. 竞技体育的优先发展

1987 年，教育部再次修订了学校体育教学大纲，首次提出了"发展学生个性"和"使学生懂得锻炼身体的基本原理和独立进行科学锻炼身体的方法，以适应终身锻炼身体和生活娱乐的需要"等新观念。整体来看，改革开放之后，在国外思潮的影响下，我国体育思想日益多元化，管理制度不断完善，学校体育教学模式、组织结构和教学方式方法上也相应进行了改革、调整。受学校体育整体效益观的影响，学校体育目标逐渐从"增强体质"向多元方向发展。

1990 年，国务院颁布《学校体育工作条例》，明确学校体育工作的基本任务是："增进学生身心健康、增强学生体质；使学生掌握体育基本知识，培养学生体育运动能力和习惯；提高学生运动技术水平，为国家培养体育后备人才；对学生进行品德教育，增强组织纪律性，培养学生的勇敢、顽强、进取精神。"这是自 1979 年的《中小学体育工作暂行规定》之后的又一重要文件，学校体育的地位得到巩固和提高，并逐步走向科学化、规范化、法治化。与此同时，20 世纪 90 年代前后的课外体育活动和校园运动竞赛十分活跃。受"体育强国"的"竞技体育举国体制"影响，校内、校际运动竞赛活动十分丰富，各种对抗赛、邀请赛、选拔赛、表演赛、等级赛和运动会层出不穷，全国各级的大、中学生运动会制度逐渐形成。

6. 开启素质教育

1999 年，中共中央、国务院颁布了《关于深化教育改革全面推进素质教育的决定》，标志着我国学校体育在指导思想、工作重心、教学内容等多方面进入新的发展阶段。新世纪的课程改革注重关注学生的主体需要，注重运动安全和损伤的预防，提倡依据学生的具体情况对教学内容、运动负荷适当调整。

为了从根本上扭转广大青少年学生体质持续下降的问题，2007 年开始，国务院下文，在全国亿万青少年学生中开展阳光体育运动。2013 年《中共中央关于全面深化改革若干重大问题的决定》颁布，对学校体育工作提出明确要求"强化体育课和课外锻炼，促进青少年身心健康、体魄强健"。

总之，21世纪的中国学校体育，各种教育思想、课程百花齐放，基本形成了以生物、心理、社会三维健康为基础的系统而开放的学校体育观。整体看，全国各地关于学校体育的制度、师资队伍、场馆设施等方面的建设投入都有显著改善；"健康第一"成为重要指导思想，各级各类学校热烈开展阳光体育运动。人们对于"终身体育"理念的认可和重视也有所增强。

第二节 体育教学与高校体育教学

一、体育教学

(一)体育教学的相关概念

1. 体育教育

体育教育是指以身体活动为手段的教育，就是身体的教育。

自20世纪50年代以来，中国体育教育专业受传统教育思想和体育思想的影响，走过了从全面学习苏联的体育教育到逐步结合中国实际、摸索社会主义的体育教育，形成了相对稳定的以培养中等学校体育师资为目标的体育教育专业人才模式。1986年，在《全国普通高等学校专业设置及毕业生使用方向介绍》中，设置师范类体育专业和体育科体育专业。1993年，教育委员会颁布的《普通高等学校本科专业目录》中，将原体育教育(专业编号师范0022、体育0101)合并，更改为体育教育(专业代码040301)，属教育学专业。1998年7月6日，教育部颁布了《普通高等学校本科专业目录(1998年颁布)》，将体育教育的专业代码更改为040201，属教育学专业。教育部于2012年颁布的《普通高等学校本科专业目录(2012年)》和2020年颁布的《普通高等学校本科专业目录(2020年版)》中，体育教育专业为教育学门类专业，专业代码为040201，属教育学类专业，授予教育学学士学位。

2. 体育教学

学校体育目标的实现离不开体育教学这一基本组织形式，同时也是学校体育的一个重要组成部分。体育教学具有目的性、计划性和组织性，将相关知识与技能传授给学生，发展学生的智力，培养学生的品德，促进学生良好个性的形成，这个教育过程与其他学科教学相似。但体育教学又有自身的独特性，学校体育目的的实现、体育任务的完成都要采取体育教学这一重要途径。体育教学的范围很广,不仅是指学校体育,还涉及竞技体育、社会体育等领域。

综上分析,我们可以将体育教学定义为:在学校教育中,学生在教师的指导下积极主动地学习和掌握体育基本知识、技能和方法,提高身心健康水平和身体活动能力,强化对自然环境和社会环境的适应能力,形成良好的思想品德和个性的过程。

(二)体育教学的基本介绍

随着全球化的不断推进,在衡量社会进步与国家发展方面,体育事业的发展水平已成为一个非常重要的指标,而且国家与地区之间的交流也离不开体育这一载体。体育有竞技体育、大众体育、学校体育等多种类型,包括体育教育、体育活动、体育文化、体育竞赛、体育经济等诸多要素。虽然很早以前就已经出现了体育教学,但体育教学真正迅猛发展始于现代社会。20世纪60年代以来,随着信息技术的快速发展,人类进入了信息社会,高技术、新技术、新材料、新能源及生物工程在社会各个领域都得到了广泛而普遍的运用,并推动了社会生产力的发展,使人们的生活节奏越来越快。这一方面给人们带来了便利,使人们的生活水平有了提高,生活条件有了改善,但同时随着电气化、自动化和智能化的不断发展,人们在十分紧张的环境中工作和生活,身心健康受到了威胁。

20世纪70年代,联合国教科文组织对现代教育提出了人才培养要求,要求培养的人才必须能够适应社会的发展和需要,即培养具有"健全的体魄、高尚的道德情操、丰富的科学文化知识"的全面型人才,并指出应将体质作为人才评价标准之一,作为"三育"教育中的一个首要标准。由此使体育教学在教育系统中的地位和作用得到了很大的提升,同时也引起了人们的重视。此后,各国纷纷改革体育教学内容、教材和教法,并进行了深入的探索,如日本创造了"快乐体育"教学模式,深入研究了体育教材的结构和小集团教学法,而不是一味地研究运动素材,这一举措有利于发挥体育教学在培养人格、个性方面的功能,将体育教学提高到了崭新的知识起点,促使体育教学为人的身心和谐与健全发展而服务。

(三)体育教学论

体育教学论是对体育教学现象和体育教学规律进行研究的科学,现代体育教学的各种现象及现象背后隐藏的规律是现代体育教学论的主要研究内容。

体育教学论是理论与实践并存的科学,因此可以将其划分为两个部分,即体育理论教学论和体育应用教学论,其中体育理论教学论又有自己的分类。

图1-1直观地反映了现代体育教学论的结构体系。

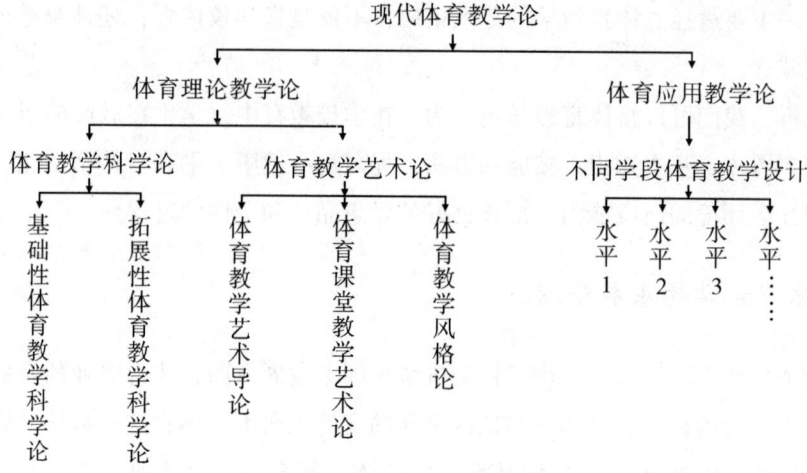

图1-1 现代体育教学论的结构体系

二、高校体育教学

(一)高校体育教学的构成要素

高校体育教学的构成要素是指体育教学的结构要素与过程要素,具体分析如下。

1. 高校体育教学的结构要素

对体育教学具有影响的各种要素及各要素的相互关系就是体育教学的结构。体育教材、体育教法、体育教师、学生等都是体育教学的基本结构要素。

概括而言,体育教学包括三个方面的结构要素。

(1)参与者

参与者是体育教学的重要因素之一,主要指体育教师和体育教学中的学生。

在体育教学的参与者要素中,体育教师是外部主导,主要职能体现为对体育教学进行计划、组织、管理、监控等。体育教师的专业素质直接影响其职能的发挥和体育教学效果,因此要求体育教师有良好的敬业精神、业务能力等。

在体育教学中,体育教师的主要施教对象是学生,这是体育教学的另一个重要主体。体育教师向学生传授体育知识与技能,但学生不能只是简单、被动地接受,必须在教师的指导下积极主动地参与学习,发挥自己的聪明才智,从而取得良好的学习效果。因此,从广义上而言,在体育教学中,学生是一个主要制约因素和重要调控因素。在教学过程中,学生作为受教育者和施教对象,是一个群体,很多方面存在共性,但因为各方面因素的影响,学生之间的个体差异也很明显。学生能否主动地参与体育学习,对教学质量好坏有决定性影响。而针对学生的特点和差异,因材施教,调动学生的学习兴趣与热情又是体育教师的一个主要职责。

(2)施加因素

体育教学要满足社会对学生的要求,这主要体现在体育教学任务、教学内容、教学大纲与教学计划等要素中,这些要素在体育教学的结构因素中,属于外部施加因素。连接体育的教与学是这类要素的主要作用。

体育教学过程是由体育教学任务、内容和计划等要素规定的,并以这些要素为依据组织与实施教学。体育教学任务和体育教学内容的价值均体现在两个方面,即显性和隐性,将这两类价值的关系处理好,可促进学生健康和谐发展。

(3)媒介因素

体育教学是在一定时空条件下,对相关信息有序进行传递的过程。媒介是传递信息的必备条件,具有针对性、可控性、安全性、抗干扰性及实用性等特征。在体育教学中,要想顺利传递信息,必须具备场地器材、环境设备、组织教法等重要媒介。在这些媒介中,场地器材和环境设备是体育教学的基本物质条件,组织教法的作用主要体现在将学生、教材和物质媒介串联起来,对教学过程进行调控。体育教学质量能否得到保证,一定程度上要看是否具备高质量、现代化的媒介条件。

在高校体育教学过程中,这三大要素是动态结合、不断变化的,其中最为重要的是教师的主导作用。体育教师应掌握并熟练运用各种教学艺术,将学生的学习积极性充分调动起来,将各种要素调控好,从而提高教学质量,顺利完成教学任务。

高校体育教学的结构要素见表1-1。

表1-1 高校体育教学的结构要素

结构要素	具体要素
参与者	体育教师
	学生
施加因素	教学任务
	教学内容
	教学大纲
	教学计划
媒介因素	场地器材
	环境设备
	组织教法

2. 高校体育教学的过程要素

高校体育教学的过程要素具体包括以下几个方面。

(1)体育教学目标

通过体育教学要达到的结果就是体育教学目标。体育教学的价值取向主要体现在体育教学目标中，只有确定了体育教学目标，体育教学才会有明确的方向，体育教学的出发点和最终归宿也才能确定下来。

而且，在体育教学评价中，体育教学目标是一个非常重要的参考因素，如果没有确定教学目标，体育教学就会漫无目的，盲目开展，体育教师也无法掌控教学过程。

(2)体育教学内容

在体育教学中，体育教师给学生传授的体育与健康知识、技能和方法等都是体育教学内容。体育教学目标能否达成，体育教学质量能否提高，直接受体育教学内容的影响。只有科学选择体育教学内容，并有效实施，才能使体育教学过程更加顺利并有可能完成体育教学目标，从而使体育教学质量得到提高。

体育教学如果没有教学内容，就不能称为体育教学，而是体育锻炼，这时体育就不是一个学科了，而是一项活动，并且比较空洞。因此，选编和运用体育教学内容非常重要，在开展这一项工作时，要对学生需要、社会要求、学科体系进行充分考虑。

(3)体育教学策略

体育教师以体育教学目标和学生的具体情况为依据而选择的有效教学技术和手段就是所谓的体育教学策略。此外，有助于学生理解教学内容的各种信息及信息的传递方式也属于教学策略的范畴。

体育教学策略与体育教学目标、体育教师、学生等因素密切相关，这一要素对体育教学工作的成败和效率的高低有直接的影响，所以为更好地开展体育教学，完成教学任务，需要对体育教学方法、组织形式和手段进行科学选用。

(4)体育教学评价

依据体育教学目标制定标准，运用有效评价技术手段测定与衡量、分析与比较体育教学活动过程及其结果，并进行价值判断的过程就是体育教学评价。促进体育教学质量的提高及学生的全面发展是体育教学评价的主要目的。

作为体育教学的一个重要因素，体育教学评价与教学目标、教师等因素的关系非常密切，一般体育教学评价指标由教师根据教学目标制定。

(二)高校体育教学的原理

高校体育教学的主体内容是体育运动项目，因此在高校体育教学内容设计中，必须重视不同项目的教学，并在具体项目教学原理中融入运动兴趣与情感体验，从而通过科学的教学原理更好地解释学生在运动技能形成与发展过程中的不懈追求和个体本能生物价值观与社会文化价值观的融合。

高校体育教学原理既有理论层面的原理，又有实践操作层面的原理，具体见表1-2。

表1-2 高校体育教学原理

体育教学原理	原理内容
理论层面	兴趣、情感、习惯、观念链式循环原理
	自在趣味性强化原理
	非自在动作规范强化原理
实践操作层面	自然追求与技术理性相结合原理
	练习与强化相依关系原理
	练习的适宜难度负荷原理

表1-2中，实践操作层面的练习与强化相依关系原理的机制与作用如图1-2所示。依据这一原理设计运动技术的练习，可促进体育教学与训练效益的提高。

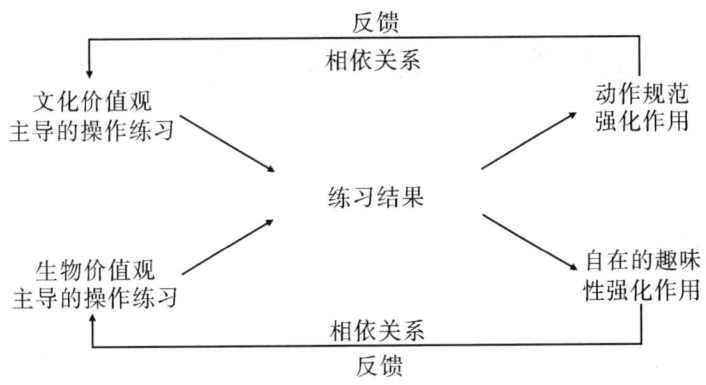

图1-2 实践操作层面的练习与强化相依关系原理的机制与作用

不管是理论层面的教学原理，还是实践操作层面的教学原理，它们都是在运动项目进化的价值观以及科学与和谐法则的基础上发挥作用的，如图1-3所示。

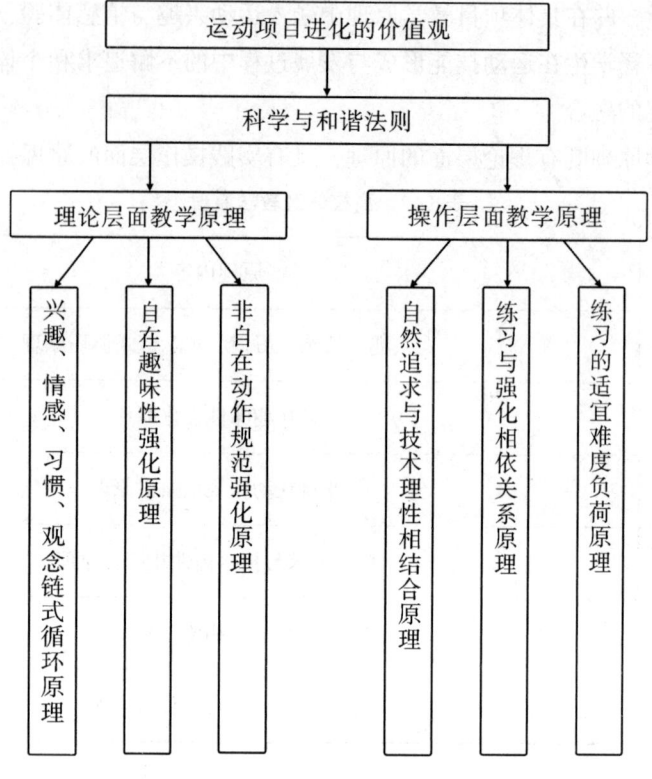

图1-3 运动项目进化的价值观

第三节 高校体育教学的功能

一、育人功能

（一）育体功能

育体功能贯穿高校体育教学的始终，不管高校体育今后往哪个方向发展，育体功能都是作为体育育人功能中最为显著的功能而存在的。高校体育教学能够通过对学生进行体育技能的教学和训练来引导学生进行体育锻炼，从而达到让学生拥有强健体魄的目的。

一般而言，大学生的身体正处于适应能力和生理机能高水平稳定发展的关键阶段。在这个阶段，高校体育教学应当引导大学生正确认识体育及其重要性，树立终身体育的意识,自觉参加体育活动;应当通过各项体育技能的训练及实践,促进大学生身体的正常生长发育,从而使大学生在训练过程中塑造出强健体魄和健康体型,形成较为正确、良好的身体姿势;应当让大学生锻炼身体的各项机能,提高大学生身体适应能力,增强身体的免疫力,最终实现全面加强和发展大学生身体素质的目的,为实现终身健康的目标奠定基础。

(二) 育心功能

体育的育人功能除育体功能外,还包括育心功能。体育育心功能的具体表现之一就是体育运动的娱乐性。体育运动的娱乐性能起到调节人情绪的作用,能舒缓身心、消除身心疲倦,还能削减或消除日常学习、工作、生活所带来的压力以及消极情绪。而体育运动的娱乐性主要体现在体育课堂教学之外的课外体育活动中。

学生能够通过参加各种各样的课外体育活动,在体育运动过程中,调节和消除平时因为学习、生活所带来的压力,通过释放压力来调节自身各项身体机能和各种情绪,以此消除自身的疲惫感,从而改善心理和生理的状态,促进健康心理的实现。

此外,体育运动的育心功能还体现在:体育运动能够让学生在参加体育活动的过程中发挥个体主动性、积极性,提高自信,养成积极健康的心态;学生也能够通过观赏他人的体育活动、体育比赛和体育表演得到精神上的享受,以这种间接性的方式在心理上获得满足,并且学生在观看比赛、表演的过程中,在参赛者、表演者的体育精神影响下,更容易发展出积极向上的品格。

(三) 促进个体社会化功能

除了育体功能和育心功能之外,促进个体社会化功能也是体育育人功能中的一个重要组成部分。该功能主要体现在通过各种各样的体育手段和内容来培养人的个性和个人观念,具体表现为体育运动可以帮助人将社会价值观念内化于心,从而实现传递社会文化、建设社会角色的功能。

1. 体育能够培养规则意识

无论是参加体育比赛,还是在日常的体育活动中,参与者只有遵守体育的规则,接受体育规范的约束,体育活动才能有序地进行和开展。在参与体育活动的过程中,遵守规则的行为会渐渐演化成个人的行为习惯,而这种习惯和意识也能帮助学生养成遵守社会行为规范、社会道德观念以及遵纪守法的行为习惯。

2. 体育能让人认识、理解社会角色

在体育活动的过程中，学生所扮演的角色与在社会中所扮演的角色存在相似之处，因此体育活动能够让学生提前体会社会角色，有助于他们认识和理解社会角色。学生在各种各样的体育活动中有着不同的角色扮演经历，这些经历能够引导学生形成和完善对社会角色的认识。

3. 体育能够促进人格的形成和社会化人格的完善

因为体育活动内容多样化、形式多样化，学生能够自由选择自己想要的活动形式，即想要参加的体育活动形式，而这就为学生独立自主人格的形成提供了客观环境的支持，帮助学生形成个性、发展个性。而体育活动中的集体性项目能够对学生进行集体主义思想教育，促进学生的集体主义思想、团队精神的形成。

此外，在体育活动中，通过将社会主义核心价值观融入体育活动的方式，让学生在潜移默化中将社会主义核心价值观内化于心、外化于行。

二、健身功能

（一）满足大学生的健身需求

无论是从高校体育教学说，还是从大学生的身体状况说，体育健身需求是大学生的普遍需求。大学生体育健身意识决定了大学生对于体育锻炼的心态，心态又决定了体育健身需求。越是对体育健身需求比较强烈的学生越会重视体育锻炼。

1. 大学生体育健身需求的内容

（1）对体育健身知识的需求

体育健身知识是体育锻炼知识和体育卫生保健知识的统称，是指导人们更加科学、有效地进行体育锻炼活动和体育卫生保健的基础性原理和方法。体育健身活动发挥强身健体功效的前提是对体育健身知识的正确运用。科学、合理的健身方法能够使身体强健、体型优美，而错误、盲目的健身活动不仅起不到健身的功效，而且还可能使身体受到一定的损伤，因此，掌握科学的健身方法以及有效评估健身活动后的运动效果，是体育健身活动的关键。大学生在学习和掌握了健身的理论知识之后，再投入实践，可以较快地收获想要实现的健身效果，否则锻炼的效果可能事与愿违。

体育健身知识能够使大学生更加全面地认识体育健身运动，也能够指导大学生的运动过程。体育健身知识包括训练学知识、运动损伤的预防及康复、运动营养的搭配、体育常识、人体结构知识、人体运动生理反应的相关知识和体育发展史等内容。通常来说，高校大学生对于在体育健身活动的过程中如何有效地预防身体损伤，以及在损伤后怎样恢复方面的知识有着强烈的需求，对于如何进行合理的营养膳食搭配的需求也较高。

现在，网络非常发达，在网络上传播的健身知识并非都是科学的，非体育专业的学生对于其真实可靠性往往不知如何分辨。同时，科学健身知识的匮乏会影响学生在运动过程中的效果以及成就感，而盲目锻炼者有可能造成不必要的伤害，使其对体育健身运动产生敬而远之的心态，从而逐渐减少体育健身的需求。

高校需要加强科学体育健身知识的传播，加大对大学生体育健身运动的指导；大学生也要提高对于科学健身知识的重视，深刻认识科学健身知识的指导意义，主动进行科学健身知识的学习。这能为大学生科学、有效地进行健身活动起到铺垫作用，避免大学生因盲目进行体育锻炼而给身体造成的伤害。

(2) 对体育健身运动场地的需求

伴随全民健身理念的推广，在内外部因素的共同作用下，一些高校大学生不再满足于使用校园内部的体育运动场地，而是将眼光投向校园外，开始更多地选择健身房、球类运动场馆等更为专业的体育场馆进行健身活动。

高校大学生在选择健身活动场地时，"便利性"往往成为首要参考因素。有调查显示，男女生在选择运动场地上略有不同。大部分男生对于体育运动场地的选择依次是校内场馆、社会场馆和广场公园，而大部分女生对于体育运动场地的选择依次是校内场馆、广场公园和社会场馆。也有部分大学生会选择一些商业性的健身房。

由此看出，高校大学生在运动场地的选择上以校内的体育运动场馆为主，这主要是由于校内的体育运动场馆较为便利，大学生不用出校门就能进行体育健身的锻炼活动。愿意到校外收费性的体育运动场馆进行体育锻炼的学生占比偏低，这跟高校大学生的经济状况与社会体育运动场馆的消费水平差异有一定的关系。选择到公园、广场进行体育健身活动的高校大学生占比也较低，这主要是由于公园和广场等健身场所在环境、设施的配备等方面并不理想。

因此，高校体育健身场馆的环境、数量会对大学生参加体育活动的积极性产生很大影响。基于此，高校应重视大学生对于体育运动场地的需求，延长体育运动场馆的开放时间，为大学生创造一个良好的体育健身环境，确保大学生能够"有地方"进行体育健身锻炼活动。

(3) 对体育健身运动的心理需求

心理因素是人们为了满足需求而进行某种活动的重要推动力。高校大学生体育健身活动的心理因素，是促进大学生长期坚持体育锻炼的内在动力。高校大学生参加体育健身活动的五个心理需求因素分别是审美需求、兴趣需求、健康需求、社交需求及其他心理需求。

审美需求是高校大学生体育健身活动的主导性心理因素。大部分学生都希望能够通过健身锻炼达到强身健体、增强体质的目的；一些大学生由于遗传因素的影响，在身高或者体质等方面不是很理想，他们希望能够通过进行一些体育健身活动达到塑形和强身健体的目的，让自己更加自信、更有成就感，对自己的人生发展起到积极影响。

(4)对体育健身运动项目的需求

高校大学生对体育运动项目有着多样化、现代化的需求，各高校也依据时代的变化引入了多样化的体育教学内容，如户外活动教学等。

大学生最喜爱的体育运动有跑步、健身操、篮球、足球等项目。跑步是很受欢迎的一项体育运动。虽然跑步本身比较枯燥，但是跑步不受运动场地和时间的限制，运动量大小可以自由掌握，技能要求相对较低，因此广受学生喜爱。相对说，男生偏爱球类运动，女生更喜欢娱乐、审美类运动，这主要是由男女生不同的性格和生理因素决定的。此外，一些小球类活动受到很多学生的喜爱，尤其是网球和羽毛球。因为，这些活动不受年龄、运动量等因素的限制，大多数人都能从中感受到乐趣。

(5)对体育健身指导的需求

大多数高校大学生在体育运动过程中都会存在一些问题，需要体育健身的指导。

一些高校大学生除了日常的体育课之外，甚至不参加体育活动。不懂得如何选择适合自己的健身项目、缺乏健身锻炼的一些基本运动技能、对体育锻炼的科学知识缺乏了解是他们不愿意参加体育健身活动的主要原因。这部分大学生希望在参加健身活动时，能够有一些专业性的教师给予指导，能够在健身过程中进行一些咨询，得到更多帮助。

也有部分大学生对体育健身活动的常识有些了解，独立能力较强，喜欢根据自己的喜好来选择体育健身的项目，只要条件具备，就能够独立自主地进行体育锻炼，不喜欢由别人来主导自己的健身锻炼。

还有一部分高校大学生选择在参加体育健身活动时不需要健身指导，这主要是由于这部分大学生的健身意识强烈，在日常生活中对于健身锻炼的活动也是非常热爱，有相对固定且熟悉的体育健身运动项目，能够熟练而正确地进行操练，在健身锻炼的过程中不需要寻求一些相关的指导。

(6)对体育健身供给的多样化需求

需求与供给是不可分割的。在体育健身供给中，运动场地及器材是必不可少的重要元素。高校应提高对于校园体育基础设施建设的重视程度，以使高校大学生对体育运动器材和场地的需求得到更好的满足。

由于大学生个体的差异，每个人有着不同的健身目标，导致大学生对于健身的需求也是多样化的，而体育供给的多样化可以很好地满足这种多样化的需求。有的大学生会认为自己学校的运动场地及器材并不能满足其个人的需求，无法达到自己的运动目标，可知体育供给对需求满足程度的影响是很大的。

我国目前对全民健身以及高校大学生身体素质高度重视，能够将一些教育经费投入高校体育基础设施建设方面。高校大学生应当珍惜学校的体育资源，选择一些适合自身条件的体育锻炼项目，合理安排业余时间，抽出一部分时间进行体育锻炼，以提高自己的身体机能。高校则需要与时俱进，积极支持校园体育基础设施的建设，从而更好地满足大学生多样化的健身需求。

(7) 对体育健身课程的差异化需求

体育课是高校体育供给的重要组成部分。对大部分学生，每周安排的体育课能够满足他们对于体育健身的需求，也有一部分学生还需要在课外进行一些体育锻炼活动作为补充。总体说，高校安排的体育课程基本能够满足大学生的健身需求。

高校体育课程一般内容丰富，教学气氛也相对轻松。由于每个学生对体育健身需求不同，对自身要求也不同，因而对体育课的态度也会不同。因此，基于大部分学生的需求去制订团体训练计划格外重要，考虑个人的需求而给予灵活的空闲时间也很重要，这样的体育课会满足更多学生的健身需求，对大学生的体育健身需求也会有促进作用。

此外，高校在体育活动的安排上，可以选择一些丰富有趣的运动项目，如定向越野、体育舞蹈等形式较为新颖、学生喜爱度较高的体育运动项目。体育教师则要不断地学习"充电"，使自己的专业知识得到扩充，同时应该更多地了解体育的前沿信息，如国内外赛事的战况、比赛中的趣闻等，在教学过程中能够带给学生更多的新鲜感，使学生在体育课程中感受到更多乐趣。

2. 满足大学生体育健身需求的途径

(1) 加大对体育健康知识的宣传

高校应当提高对于大学生身体素质的重视程度，开展多方位的体育健康知识宣传，如在校内安排健康月、健康日等活动，通过海报、展板、新媒体等方式对体育健康知识进行有效的宣传，以及不定期地开展一些健康知识讲座活动。同时，教师在教学中可以为学生讲解一些体育保健、运动损伤、营养搭配等方面的知识，使学生在进行体育锻炼时能够更加科学，避免学生因为盲目的锻炼行为而造成损伤。

(2) 深化体育教学改革

高校应将"健康"作为体育教学工作的指导思想。在教学过程中，根据各年级学生的需求特点安排相应的教学内容，在教学内容的安排上也应当呈现多元化，不局限于一些传统的体育健身活动，增加一些新颖的体育项目，提高体育教学的趣味性和娱乐性。比如，在校内不同院系之间或者是学校与学校之间开展一些体育知识有奖问答活动，使学生们在准备比赛的过程中对体育健康知识进行学习；开展一些趣味比赛活动，通过比赛的形式将知识与实践相结合，将理论应用于实践，进而使学生们在体育健身的过程中感受到体育运动的快乐。高校应把培养学生自主进行体育运动的能力作为体育教学工作的长期目标。

(3) 重视学生的健身指导需求

高校应当重视大学生对于健身指导的需求。在课余时间，高校要安排部分体育教师在体育运动场馆对学生进行健身指导，对有健身指导需求的学生进行必要帮助，帮助他们结合自身的特点选择适合他们当前身体状况的健身活动，同时帮助他们制订长期的健身计划，并且讲解一些健身锻炼中的技能还有保健的知识，从而使他们的体育锻炼活动能够更加有效。高校可通过这样的方式吸引一些对体育锻炼缺乏信心、缺乏兴趣的大学生参与到体育锻炼中来，与此同时，可以纠正一些对体育锻炼有兴趣的学生在锻炼中存在的误区，提高他们的锻炼效率。

(4) 增加高校的体育健身供给

首先，高校应提高对于体育基础设施的投入力度，建设一些专项的体育运动场地。其次，高校应重视体育健身服务工作，开展体育健身咨询，配备专业的体育健身指导教师，在体育健身方面给予大学生更专业更细致的指导。如有机会，高校可以通过吸引社会投资来完善体育运动环境。

(二) 培养大学生的健身意识

意识是通过心理引导的相对系统的整体，是人的一种心理体验。健身意识，是指人们参与体育锻炼过程中对体育健身的重要意义的一种肯定，同时包括人们的思想观念及心理活动。当前，健身的理念在中国传播开来，越来越多的人开始具备主动锻炼、健身的意识，健身的人群增加，同时健身行业也处于发展阶段，并且有一个良好的发展前景。

对大学生，体育健身意识对于锻炼者具有积极的促进作用，通常体现在大学生对体育锻炼的自觉性和评价等方面。大学生正处于培养良好健身意识的关键期——大学时期学生在身心方面都逐渐趋于成熟和稳定，对于不同的事物开始形成较固定的看法和意见，所以这一时期培养良好的健身意识是非常重要的。

高校可以通过宣传、教师指导、活动吸引、应用健身类软件等方式来强化大学生的健身意识。下面是健身App"Keep"所具有的功能介绍。

1. "Keep"要给大学体育教师提供健身专业动作的教学，帮助教师改进和优化自己的教学方案，为学生提供更好的体育课程；其次，大学生能够通过它在课后复习上课时的动作，从而把动作做得更准确以及更有效率地参与健身活动。体育教师还能通过"Keep"软件给学生布置课余时间的健身课程，让学生不仅在体育课上有锻炼的机会，而且还能在每周抽出固定的时间来完成布置的课余健身任务。高校不妨多鼓励这些现代技术的教学试验。

2. 每个高校的健身场馆各不相同，因此，如果想让"Keep"更好地服务于高校的体育教学，则各个高校可以与"Keep"进行合作。合作的目的，一是针对高校的体育场所分布和拥有器械设施的状况来寻求"Keep"为其提供高校个性化的教学课程服务；二是通过让更多的学生使用"Keep"，在学生之间形成一个相互影响的良好氛围，更好地激励平时不爱运动的学生参与到运动中。

3. "Keep"中有专门针对一个人的身高、体重、体脂等一系列基本的身体健康数据的指标，同时可以记录用户每次运动的时间和运动的类别等信息。因此，高校除了对学生每年的体测之外，在平时也可以加入一些对学生身体的小测试，通过"Keep"来监督学生的完成情况。这样不用耗费很多的人力、物力，只需要通过"Keep"来发布任务，然后再通过它监测学生的完成情况即可；同时，这样还能发现学生在完成小体质测试过程中较难完成的部分，并发现问题所在，从而更好地安排后续的教学指导任务。比如跑步、健身操等比赛，"Keep"能够记录时间、里程等信息，还能评价动作是否标准。在比赛后，用户还能在"Keep"运动商城中挑选健身装备或健身课程作为获胜的奖励。

尽管"Keep"目前还存在一些不足，但是网络科技还在一直发展，相信未来此类健身软件可以成为满足用户健身需求、无门槛、无障碍、多元化的健身运动辅助工具，帮助更多的人提升健身意识，加入健身，更加科学地健身，从而不断提升人们的健康水平。

(三)使大学生拥有强健体魄

体育的健身功能首先表现在强身健体方面。拥有一个健康强健的身体是实现人的全面发展的必要条件之一，也是一个合格人才所要求的重要素质之一。高校体育教学担负着国家交付给体育教学的重要任务，是培养合格人才的重要保障。不管高校体育今后如何发展，健身功能都是体育的最为显著的功能。高校体育教学能够通过对学生进行体育技能的教学和训练来引导学生进行体育锻炼，从而达到让学生拥有强健体魄的目的。

第四节 高校体育教学的特点与目标

一、高校体育教学的特点

(一)以传授体育技术、技能为主要内容,根本目的在于增强学生体质

大学生进行体育学习,主要是为了锻炼身体,增强体质,从而更好地为建设祖国贡献自己的力量。在体育教学内容中,丰富多样的运动项目是大学生锻炼身体的主要手段。可见,体育技术是大学生的主要学习内容,也是体育教师的主要教学内容。大学生在反复的学习与练习中,将所学技术转化为技能,从而能够通过合理有效的方法来锻炼身体。此外,体育科学知识也是大学生需要掌握的体育教学内容,目的是为身体锻炼提供科学指导。

体育技术和体育知识是高校体育教学的主要内容,一般在高校体育课程设置中,体育技术内容所占的比例要比体育理论知识所占的比例大。这是体育教学与文化课程教学在内容设置上的主要区别,文化课程以文化知识为主要教学内容,学生对这些文化知识的掌握有利于更好地从事生产实践,更好地在社会实践中发挥自己的能力;而体育课教学以技术和技能内容为主,这有利于促进大学生的身体健康成长。

(二)以肌体参与活动和教学组织的多样化为特征

在文化课教学中,学生主要通过思维活动对教学内容加以掌握,而体育课教学与文化课教学的不同在于,学生除了要动脑外,还要亲身参与活动,即除了有思维活动外,还要有肌体活动。在肌体活动中,通过肌肉感觉,中枢系统传递信息,经过大脑的分析与综合,在理性上认识体育技术、技能。大学生如果缺少必要的肌体活动,是无法掌握体育教学内容的,尤其不可能掌握技术技能类的教学内容。

大学生在体育活动过程中,肌体反复受各种条件刺激,从而建立起条件反射,对体育技术加以掌握。在这个过程中,学生不但能够学习体育技术,而且能够锻炼身体,增强体质,提高健康水平。在高校体育教学中,大学生不可避免地要做一些身体活动,这有利于其身体、心理的发育和成长,有利于其保持充沛的精力。

体育教学以集体教学为主,但因为学生性别、性格、身体素质、活动能力等方面的差异,加上体育教学容易受客观环境的影响,所以组织形式必须多样,满足不同学生的需

求，适应不同学生的特点，从而提高教学效果。

在高校体育教学中，体育教师要善于运用社会学、教育学、生理学、心理学等多学科知识对体育课进行精心的组织，从而使体育教学过程与教学规律的要求相符。

(三) 以对学生品德、心理品质培养的特殊作用显示其教育功能

体育运动有自己独有的特征，体育教学就是通过这些独特性对学生产生积极作用的，具体分析如下。

1. 竞赛性是体育运动的一个特点，正因为这个特点，体育教学才能够对大学生的竞争意识与竞争精神进行培养。

2. 体育具有规则性，因此能够培养大学生诚实守纪的品质。

3. 体育运动要求参与者必须克服自身生理负荷，并勇敢面对客观条件的阻力，因此有助于培养大学生勇于拼搏的意志品质与吃苦耐劳的精神。

4. 体育活动具有群体性，能够培养大学生的交际能力与协作能力，同时能够引导大学生树立良好的集体主义精神与爱国主义精神。

总之，当代社会的发展要求大学生具备良好的意志品质和思想品德，体育教学在这方面的作用是举足轻重的。

在新时代，体育教学的教育功能越发鲜明和突出。当今世界正在进行新一轮技术革命，这一方面给世界各国带来了良好的发展机会，另一方面也给各国带来了艰巨的挑战。发达国家和发展中国家在某种意义上共处在一条起跑线上，技术革命对发展中的我国而言，是接近发达国家发展水平的极好机会。人才的发展可以推动科技的进步，教育是培养人才的主要途径。只有促进中华民族整体素质的提升，我国才能在新技术革命中受益。

提高人口素质，体育是关键，体育不但能够增强人民体质，还能够培养人的思想素质。因此，在高校体育教学中，体育教师应确保体育教学的方向是正确的，从而通过体育教学更好地为实现社会主义现代化服务。体育教师只有深刻认识体育教学的特点，才能更好地组织体育教学，促进体育教学在现代化人才培养中特殊功效的充分发挥，促进体育教学质量的提高，为中华民族整体素质的提升、为培养社会主义现代化人才做出贡献。

二、高校体育教学的目标

(一) 体育教学目标的概念

体育教学目标是指体育教学中师生预期达到的学习结果和标准。

(二)体育教学目标的分类

体育教学目标包括认知领域、情感领域及动作技能领域的教学目标,具体分析如下。

1. 认知领域的教学目标

认知领域的教学目标有不同的级别,如图1-4所示,这是由布卢姆等人提出来的。

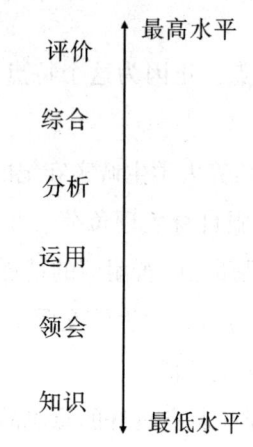

图1-4 认知领域教学目标

布卢姆等人提出的认知领域教学目标的分类体系,后来被安德森等人做了改革,重新修订后的认知领域教学目标,分类体系包括知识和认知过程两个不同的维度,它们各自有目标(表1-3)。

二维分类	具体目标
知识维度	事实性知识
	概念性知识
	程序性知识
	元认知知识
认知过程维度	记忆
	理解
	运用
	分析
	评价
	创造

表1-3 认知领域教学目标的分类体系

2. 情感领域的教学目标

情感领域的教学目标有五个级别，如图 1-5 所示，这是有关学者依据价值内化的程度划分的结果。

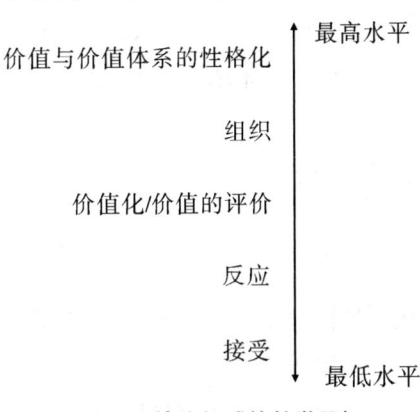

图 1-5　情感领域的教学目标

3. 动作技能领域的教学目标

动作技能领域的教学目标包括六个级别，按照从简单到复杂的排序，如图 1-6 所示，这是由哈罗等人提出的观点。

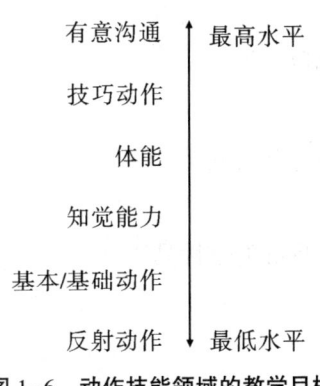

图 1-6　动作技能领域的教学目标

(三)体育教学目标的结构

体育教学目标结构，如图 1-7 所示，这些结构要素是分层的，是层层递进的。

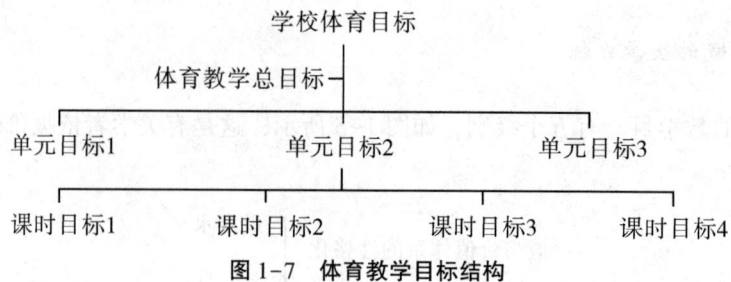

图1-7 体育教学目标结构

图 1-7 中的结构要素进行简要分析。

1. 学校体育目标

学校体育目标指的是学校开展体育活动在一定时期内预期达到的结果。它主要由条件目标、过程目标和效果目标三个要素组成。

制定高校体育教学目标,首先要以学校体育目标为依据,有助于通过体育教学目标实现学校体育目标。

2. 体育教学总目标

体育教学总目标指的是依据体育教学要求提出的体育教学预期成果,它包含以下三个方面的目标。

(1) 实质性目标

使学生对体育知识和技能加以掌握。

(2) 发展性目标

使学生身心素质得到全面锻炼和发展。

(3) 教育性目标

使学生形成正确的世界观和良好的个性品质。

3. 单元目标

单元目标指的是指导高校体育教学的重要目标,其为体育教师设计体育单元教学提供主要依据。体育单元教学目标有以下几种类型。

(1) 独立型

独立型单元教学目标,如图 1-8 所示。

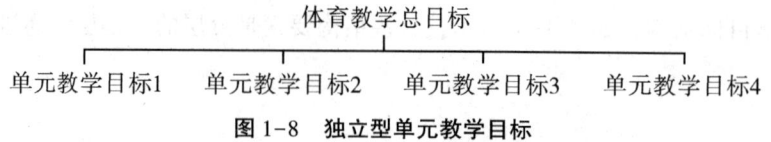

图1-8 独立型单元教学目标

(2)阶梯型

阶梯型单元教学目标,如图 1-9 所示。

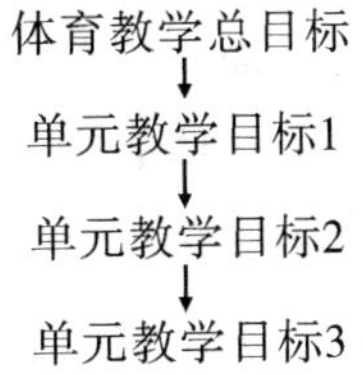

体育教学总目标
↓
单元教学目标1
↓
单元教学目标2
↓
单元教学目标3

图 1-9　阶梯型单元教学目标

(3)混合型

混合型单元教学目标,如图 1-10 所示。

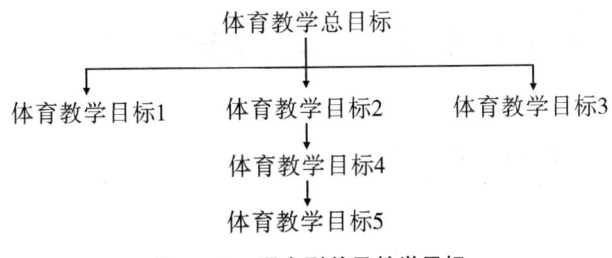

图 1-10　混合型单元教学目标

4.课时目标

体育课时目标指的是体育课堂教学目标,就是每节体育课的教学目标是具体的。

(四)体育教学目标的制定

制定体育教学目标,需要参考一定的因素,遵循相关的要求,从而确保体育教学目标的有效性,充分发挥体育教学目标的引导作用,具体见表 1-4。

表 1-4　体育教学目标的制定依据与要求

体育教学目标的制定依据	体育教学目标的制定要求
体育教学目标的特点因素	分析学生的需要(学习成绩、学习能力、学习条件)
教育要求因素	分析体育教学内容
体育功能因素	注意目标间的连续性
学生需求因素	注意目标间的层次性
教学条件因素	注意要体现学生的身心健康发展的需要

(五)体育教学的效果目标

我国高校体育教学的目标是增强学生体质,提高学生身心健康水平,对学生的体育运动能力和思想品质进行培养,促进学生全面发展,成为合格的社会主义建设者。

现阶段我国高校体育教学的效果目标具体表现在几个方面。

(1)使学生身体得到全面锻炼,增强体质。

(2)使学生对体育教学的基本知识、应用技能等内容加以了解与掌握。

(3)使学生养成良好的思想品德,促进学生个性发展。

(4)提高学生的运动能力,为国家队培养并输送优秀的后备人才。

上述效果目标之间相互联系、相互促进,它们作为一个统一的整体不可分割,需采取有力的途径一步步落实。

三、实现体育教学目标需坚持的基本教学原则

(一)日积月累,提高身体素质

1. 含义

"日积月累,提高身体素质"原则是指在体育教学中,经常性地通过适量的技能练习、各种游戏、比赛以及"课课练",使学生的各项身体素质得到全面发展和不断提高。

2. 贯彻该原则的要求

(1)服从学生的身体发展状况来安排身体活动量。

(2)服从体育教学目标来安排身体活动量。

(二)因材施教,体验运动乐趣

1. 含义

在体育教学中,根据学生个性的不同、身体素质的差异,对体育课认知水平的不同,让他们在掌握运动技能和身体锻炼的同时,体验运动的乐趣,促使学生喜爱运动并养成参加运动的习惯,这就是"因材施教,体验运动乐趣"原则。

这一原则是依据游戏的特性和体育教学中运动情感变化的规律提出的。体育运动充满了乐趣,乐趣是体育的特质。一个运动项目从不会到熟练掌握,人们会有成功和乐趣感。

有的项目本身就妙趣横生、充满变数，使人乐此不疲。运动中同伴之间的巧妙配合也能产生许多意想不到的乐趣。有的项目锻炼过程中虽然充满了劳累、痛苦，但锻炼结束后，会让人感到一种舒畅的满足感，这是体育运动充满乐趣的表现。体育运动乐趣是人们从事体育运动和体育比赛的重要目的，让学生体验运动乐趣是体育教学的目的之一，因此，体育教学要想方设法满足学生对运动乐趣的追求。

2. 贯彻该原则的要求

(1) 对运动乐趣问题要正确理解和对待。
(2) 善于从"学习策略"的角度对运动乐趣加以理解。
(3) 将掌握运动技能与体验运动乐趣的关系处理好。
(4) 开发与运用有利于学生体验运动乐趣的教学方法。
(5) 为学生获得成功的运动体验创造条件。

(三) 言行规范，提高集体意识

1. 含义

"言行规范，提高集体意识"原则，是指在体育教学中，发挥运动集体的作用，将自己融入集体中，规范自己的言行，找准自己的位置，既要做好自己的工作，又要互相协助，为了集体的目标而共同努力，不断提高自己的集体意识。

体育教学主要在室外进行，受场地器材和活动范围的影响，体育的学习形式也经常以小组的形式来组织，这使得体育学习方式与集体形成内在的关联。因此，体育教师应在教学中注重培养学生正确的集体意识和良好的集体行为，使学生学会帮助他人、关心他人，学会参与集体活动，为学生未来走向社会打下良好基础。

2. 贯彻该原则的要求

(1) 充分挖掘体育教学活动中的集体要素。
(2) 采用教学分组的教学组织形式。
(3) 向学生提出共同的学习任务，使其相互帮助，相互合作。
(4) 将"集体意识"和"发挥个性"之间的关系处理好。

(四) 潜移默化，积淀运动文化

1. 含义

运动文化是包含体育知识、各种运动技能、体育运动相关媒介等各种形式、各种物化状态的内容。运动文化是构成体育课程内容的主要部分。"潜移默化，积淀运动文化"原则是指在体育教学中，通过多种方法、手段，提高学生对古今中外优秀的运动文化的认知和理解，通过对体育知识的学习和掌握以及自身的运动实践，积淀和提高学生自身运动文化的素养和水平，传承运动文化。

2. 贯彻该原则的要求

（1）将体育教学中的认知因素重视起来，使学生能够"学懂"。
（2）对有利于学生运动认知的教学方法进行开发与运用。
（3）对"发现式学习"和"问题解决式教学法"进行科学合理的运用。
（4）运用现代化工具对学生学习的积极性进行培养。
（5）创造良好的运动文化环境。

（五）防微杜渐，保证安全环境

1. 含义

所谓"防微杜渐，保证安全环境"原则，是指在体育教学中，创造和提供使学生安全地从事体育运动的环境，同时要对学生进行安全运动的教育，不断提高学生体育锻炼的安全意识和确保运动安全的能力。

体育技能教学是以角力活动、非正常体位活动、剧烈身体活动、器械上身体活动、持器械身体活动等构成的教学过程，危险因素时时存在。这就要求我们在体育课堂教学全过程中，对可预知的危险做到提前防范，对不可预知的危险做到有应对预案，为体育教学提供安全的软硬件环境，对学生进行安全运动的知识教育，把危险因素消灭在萌芽状态。

2. 贯彻该原则的要求

（1）在体育教学中建立安全运动的规章制度。
（2）防微杜渐，对所有危险因素（表1-5和表1-6）进行详细的考虑。
（3）制定防止伤害事故的预案。
（4）时刻进行安全警示。
（5）对练习内容难度进行控制，使其在学生能力范围内。
（6）学生安全员充分发挥自己的积极性。

表 1-5 体育教学中可预测的危险因素

可预测的危险因素	举例
因学生身体素质差和活动内容差异导致的危险因素	(1) 不熟悉运动 (2) 力量不够 (3) 动作难度大 (4) 缺乏保护与帮助
因学生思想态度导致的危险因素	(1) 鲁莽 (2) 不听教师的建议 (3) 没有做好准备活动 (4) 着装不规范等
运动场地条件变化导致的危险因素	(1) 在破损的塑胶地绊倒 (2) 在雨雪地滑倒
因器械损坏导致的危险因素	(1) 羽毛球拍头脱落飞出 (2) 双杠折断 (3) 绳索折断等
因特殊天气导致的危险因素	(1) 酷暑天运动 (2) 严寒天运动 (3) 暴雨天运动 (4) 狂风天运动
因学生身体状况变化导致的危险因素	(1) 伤病期间勉强参加运动 (2) 女生在生理期运动

体育教学中还有一些不可预测的危险因素，也要特别注意，见表 1-6。

表 1-6 体育教学中不可预测的危险因素

不可预测的危险因素	举例
情况多变导致的危险因素	(1) 球类运动时的碰撞 (2) 球类运动时的摔伤

续表 1-6

不可预测的危险因素	举例
无法保护、帮助导致的危险因素	(1) 跨栏跑 (2) 球类比赛 (3) 健美操比赛
各种意外导致的危险因素	(1) 随机性摔伤 (2) 不常见的伤害

在高校体育教学中，只有严格贯彻上述原则，才能顺利实现体育教学目标。贯彻上述教学原则，要能够以体育教学规律和体育教学的特点为依据，对体育教学进行科学设计，对体育教学的条件进行有效整合，提高体育教学效果。要在教学中将体育教学的特点体现出来，实现体育教学的功能。

第五节 高校体育教学的任务与原则

一、高校体育教学的任务

（一）促进学生身心的全面发展

高校体育教学将促进学生的身心全面发展作为教学任务，帮助学生在各类体育活动和比赛之中既提高自己的身体素质，又锻炼自己的意志力和忍耐力，从而让学生身体和心理得到全面发展。

（二）帮助学生掌握科学的锻炼方式

高校体育教学要将实践教育与理论教育结合，并对实践和理论课程进行合理的安排，既让学生的身体素质得到一定的锻炼和提升，又让学生了解到体育锻炼的内在规律和核心，学会根据自己的具体状况采取科学合理的锻炼方式，养成良好的健身意识和体育锻炼习惯。

(三)提高学生的运动技能及水平

高校可通过开展运动会及高校联合体育竞技比赛的形式,来使学校形成良好的体育氛围,让学生在潜移默化之中主动地参与体育锻炼和竞技比赛。不仅能让学生深刻地体会到体育锻炼的魅力,而且能有效提高学生的运动技能和水平,提高学生的身体素质,从而真正地实现高校体育的教学目标。

(四)完善学生人格,提高学生道德品质

体育锻炼能够提升学生的生理机能,促使学生养成良好的行为习惯,培养学生坚韧的体育精神,使学生乐观、积极地面对学习和生活中遇到的困难,不仅能提高学生的抗压能力,而且能有效地提升学生的心理素质,完善学生的人格,提升学生的个人修养。

二、高校体育教学的原则

(一)因材施教原则

高校体育教学既要面向全体学生,又要根据每个学生的实际情况有针对性地安排教学,使每个学生在体育学习中都能得到提高。

1. 将因材施教与统一要求结合

因材施教是促进学生体育学习进步的面向全体学生的重要手段,统一要求是面向大部分学生设置的标准,两者要相互结合,不可有所偏废。

2. 要充分了解和研究学生的个体差异

体育教师要通过多种方法对学生的身体素质、体育技能、性格特点、兴趣特长等方面进行了解,可通过向学生的班主任询问、开展班级问卷调查、师生交流等方式进行,然后对学生全面分析,依据分析结果制定在体育教学中区别对待的策略。

3. 通过多种教学组织形式实现因材施教

在体育课上,体育教师可采用分组的形式实施因材施教,如可按同等身高、同等技能水平、同等体重、同等身体素质等进行分组。对于身体素质和技能水平较高的学生,体育

教师可提出更高的要求，而对身体素质相对较差的学生，体育教师则要多给予关心和鼓励，必要时进行特别的指导。

4. 引导学生正确看待个体差异

学生间存在差异是很正常的一件事情，如何让学生在存在差异的同时得到共同提高，需要体育教师引导学生对个体差异建立正确的认识。体育教师在课堂上要用平等的眼光对待学生，不偏不向。同时，体育教师要告诉学生：同学之间应相互尊重，正确看待个体差异；身体素质差的同学不要沮丧，其他同学更不应该取笑他们，有优势的同学也不应该骄傲；同学们应该用发展的眼光看待彼此，互相学习，共同进步。

（二）人文审美原则

人文审美原则是指体育教师要通过教学活动来培养学生的人格、个性、审美感与审美情趣，完善学生的世界观、人生观、价值观和审美观，提升学生的人文素养和美育水平，以此促进学生的全面发展。

1. 培养学生的人格

（1）体育教学要注重磨炼学生的意志，帮助学生形成良好品质。体育课上往往会有一些富有挑战性的任务，部分学生对此会出现胆怯、不自信的心理，教师可以此为契机，通过巧妙的教学设计和合理的教学内容，让学生在积极高涨的情绪中完成任务、体验成功。一方面增强学生的自信心，一方面培养学生敢于面对困难、敢于拼搏的精神。

（2）体育教学要引导学生调控情绪，形成健康心态。体育课上的比赛往往会比速度、比耐力、比技巧，而比赛会有胜负，输了的学生难免因为比赛的失败而感到遭受挫折，情绪失落。此时，体育教师要引导学生正确看待失败，自我激励，自我调控，以乐观向上的心态去面对挑战，形成面对失败的健康心态。同时，体育教师要指导学生公平竞争，形成体育道德。体育的公平竞争在体育教学中是具体而直观的，在教学中教师要切实把公平竞争贯彻好，培养学生健康的体育竞争观，帮助学生学会遵守比赛规则，尊重裁判，团结互助。

（3）体育教学要培养学生的团队合作意识，以提高学生的社会适应能力。在体育集体活动或比赛中，教师要让学生感受到团队的力量，增强学生的团队合作意识，引导学生主动与同伴交流、努力融入团队并履行团队职责。培养学生善于与他人交流、融入团队的能力，是提高其社会适应能力的保证。

2. 培养学生的审美感及审美情趣

(1)体育教学要做好美学知识引领。高校应加强对学生美学与体育美学基础知识的教育，让学生知道什么是美，什么是体育美，体育美来源于何处，何谓体育美感及它发生的基础是什么，以及什么是体育审美能力。高校可根据教学课程安排适当加入美学与体育美学的基础课程，为学生进行审美实践活动打好理论基础。

(2)体育教学要做好教师示美。一是仪表美和教态美，教师语言的优美、行动的文雅、衣着的整洁、思想的进步、作风的正派，能给学生以美的感受与熏陶；二是教学内容美，教师在教学过程中要精心设计，周密组织，展示每次教学内容所具有的不同风格的美；三是教学方法美，教师要善于组织课堂，让学生观看规范动作画面，并通过给学生观看专项技术图、小组间互教互学互评等方式达到较好的审美教育效果；四是场地器材布置美，在每堂体育课之前，精心布置课程场地环境、合理摆放器材是教学前需要完成的工作。教师要做好这方面的准备工作。

(3)体育教学要重视学生的实践体验。教师要充分挖掘各个体育教学项目独特的美的因素与内涵，并结合学生的心理与生理特征制订体育审美教学方案，使学生通过不同教学内容的学习，体验体育美的各种形式。

(三)主体兴趣性原则

主体兴趣性原则是指在体育教学过程中，学生是体育学习的主体，兴趣是学生参与体育学习的重要动力；教师的一切教学活动要围绕学生的兴趣、需要和身心特点来安排；学生应在教师的主导下积极主动地参与学练活动，进而培养出对体育的乐趣、志趣，形成自主性、主动性、创造性。该原则在具体应用时可参考以下方面。

(1)体育教学以学生学习为主，给学生充足的自我发挥的空间。教师在把练习方法传授给学生后，要让学生按照自己的理解去大胆尝试和练习，调动学生自我锻炼的积极性与主动性。当然这并不代表对学生放任自流，教师要对学生练习中出现的错误及时予以纠正，避免造成伤害，并使学生迅速、有效地掌握运动技能。

(2)教师要多站在学生的角度去理解教材，不断创新教学方法。学生对教材的理解通常是站在"乐趣""玩儿""挑战"的角度上，而教师通常是站在"教育""知识的传授"的角度上，更好的方式是，教师结合两者，在教学过程中，针对不同的教学内容并结合学生情况，设计有新意、有乐趣的体育教学方法，最大限度地发挥学生的主动积极性，调动学生的学习兴趣，使学生体验运动乐趣。

(3)体育教学要将教学内容与体验运动乐趣结合。在教学中,有些体育教学内容教学意义强又容易使学生产生运动乐趣;也有一部分内容虽教学意义强,但学生不太容易产生运动乐趣。对于后者,教师应当在教学中多去发现或添加有乐趣的因素(如50米跑,终点可以放上跳绳、篮球、排球,谁先抢到,谁就可以优先选择,一个小小的奖励往往能激发学生们开心地参与到体育学习中),从而使体育学习变得更加有趣。

(4)体育教学要让学生有更多自我展示的机会。在体育教学过程中,在教学内容的巩固提高阶段,教师可给学生更多的展示空间,有针对性地选出一些学生在同学们面前进行展示。这一方面提高被选学生的心理素质,另一方面也是让其他学生当"点评小老师"。对练习好的部分,教师要积极进行表扬;对出现的问题,教师要给予及时纠正,其他学生也可在观摩中得到成长。

(5)体育教学要让学生成为课后体育锻炼的爱好者。要想让学生对体育锻炼感兴趣,成为主宰自己课后锻炼的主人,一方面教师要在课堂上对学生进行思想上的鼓动、心理上的激励,对练习有进步的学生进行表扬;另一方面高校要定期开展趣味运动会或体质监测等活动,调动学生体育锻炼的兴趣,帮助个别学生克服对体育锻炼的恐惧,让体育课成为丰富多彩、令人向往的课程。由此形成体育教学的良性循环。

(四)安全卫生性原则

安全卫生性原则是指在体育教学中,既要使学生在环境卫生洁净的体育场馆中快乐地从事体育学习,又要确保学生的人身安全,真正把安全卫生教育融入日常的体育教学活动中,确保健康教育落实到教学的各个环节。

1. 体育教学要使学生安全地从事体育运动

教师要在课前充分研究教材,结合学生特点,备好体育课,充分预测可能存在的危险,将安全工作考虑在前面,防患于未然。教师在课前一定要排查在体育器材方面、天气和场地因素方面、学生心理方面、教学内容方面等可能出现的状况,以消除一切潜在的危险,保证体育场馆的环境卫生良好。

2. 体育教师要上好体育课,杜绝"放羊式"教学

课前准备活动一定要合理、充分,以便更好地预防运动损伤;在教学中对于有危险的运动项目,教师一定要教会学生如何做好自我保护与互相保护;对于存在危险的体育器材,一定要做好监管。建立体育课安全保障制度,严格课堂纪律,充分发挥班长、小组长、体育委员在小组练习时的课堂管理作用,防止安全事故的发生。

3. 体育教学要对学生进行运动安全教育和卫生教育

在教学活动中，教师应根据运动项目的特点对学生进行安全运动的教育，让学生了解运动安全知识，安全地从事体育运动，预防运动损伤，并教育学生爱护、维护好运动场地的卫生。

(五)教学整体性原则

教学整体性原则有两方面含义：

1. 整体看待体育教学

一是学校教学为一个整体，体育作为教学的一部分，应与整体教学协调发展；二是体育教学本身是具有整体性的教学活动。因此，要将各项体育要素最优化，以达到良好的教学效果。

体育教学是教育的一部分。人们要充分发挥体育教学的功能，同时不能夸大其作用。体育教学要与其他学科的教学协调发展，以促进学生的全面提高。

2. 整体看待体育教学过程

从纵向来看，体育教学是根据学期计划来完成的；从横向来看，体育教学原则体现在教学过程中。因此，应该用整体的眼光看待体育教学，从大局出发，着眼于大的方面来认识体育教学。高校应制定高效、实际的教学目标，促进学生的全面发展；教师在教学过程中应优化教学内容，使之适应学生的发展，达到课程标准的要求，并选择有效的教学手段，便于学生接受教学知识、技能。只有以整体的眼光来看待体育教学，才能发挥教学的最大效益。

3. 用整体的思维开展体育教学

体育教师应关注教材的整体性，在开展体育教学时围绕教学目标和教学重难点进行；关注体育课的整体性，设计整体的教学情境，贯穿体育课全过程，使各部分活动环环相扣。同时，体育教学应尽量实现场地器材价值的全面利用。

(六)促进运动技能不断提高的原则

促进运动技能不断提高的原则是指要发挥体育教学的最大效益，使学生不断提高运动技能，不断获得优异的运动成绩。

1. 教师在思想上要认识到运动技能提高对学生发展的重大意义

运动技能学习既能提高学生的身体素质，又有利于学生掌握体育锻炼的方法。因此，教师对运动技能的传授要到位，忌蜻蜓点水。

2. 教师应研究促进学生掌握运动技能的"教法"

首先，教师必须自己先掌握每项运动技能的学习规律，然后再通过合理的"教法"传授给学生。

其次，教师可采用个人展示、集体讨论、集体互评等方式来提高学生对运动技能原理的掌握水平。

3. 体育教学要优化体育教学环境及条件

高校要加大对运动器材、场地的投资，以满足体育教学的需求，这是实现运动技能教学的前提。

4. 体育教学要强化师资队伍建设

教师自身必须具备过硬的体育知识及技能，因此体育教师必须不断学习，通过培训、听课、教研探讨等教学活动，加强身体锻炼，提高自身素质及技能水平。

第二章 高校体育教学理念

第一节 "以人为本"教学理念

一、"以人为本"教学理念概述

(一)"以人为本"的基本内涵

"以人为本"思想在古今中外均有所提及,只是一直到近现代才发展成为一个系统的思想,在教育教学领域成为一个固定的名词。

1. 我国古代"以人为本"思想

在我国古代有着最早的学校和体育教育,一些思想家所提出的教学思想与现代"以人为本"教学理念有着相通的思想内涵,只是,当时的各种教育教学思想并没有形成一个系统化的理论体系。

早在商周时期,先人就提出了"民本"思想,指出人民是国家的基础,这是我国古代教育家和思想家重视"人"的重要体现。春秋时期,儒家倡导"仁者爱人""以民为国家之本"等思想,都与"以人为本"教学理念有着密切联系,只是,当时对人的关注更多的是政治意义的体现,在教育方面并没有系统地显现出来。

2. 现代"以人为本"思想内涵解析

在我国体育教育教学领域,"以人为本"教学理念指出,教育应落实到"育人"和"促进人的发展"上面，这对我国传统体育过度重视竞技体育成绩取得、用体能训练和技能训练代替体育教学、体育教学仅重视竞技体育人才培养和为竞技体育运动发展服务等错误的教学思想进行了否定。

新时期的体育教育应坚持"以人为本"教学理念，教育的出发点、中心以及最终归宿都是"人"，教育的目的是"人的发展"，教育以人为基础和根本的"以人为本"的发展观要求在教育过程中将人的自由、幸福、和谐全面发展以及终极价值实现重视起来，要求体育教育突破机械的教育模式，真正转变为人的教育。教育是人的自我实现、自我理解以及自我确认的过程。而不是用金钱标准衡量现代人的自我价值和自我尊严。

新时期，将"以人为本"的基本发展理念融入体育教育，是人类社会和谐和可持续发展的基本要求和重要内容。21世纪的竞争的根本是"人才"之间的竞争，而人才的培养是依靠教育来实现的，新时期，各级学校贯彻落实科学发展观，坚持"以人为本"，是学校体育教学发展的必然趋势与必然要求。

（二）"以人为本"的理论基础

"以人为本"教学理念的提出是在现代人本主义教育思想的基础上发展起来的。人本主义教育思想的产生，源于对现代科学发展中人对科学产品的使用和在智能化时代发展过程中人的价值丧失的思考。

1. 在科学技术不断发展的影响下，人类社会的生产生活方式和模式发生了很大的变化，科学改变生活，对人们启发很大，人们依赖科技，也会越来越受制于科技，因此在教育层面，人们也越来越强调"人本主义"，旨在将人从"器物"中解放出来。现代人本主义强调，应将人类从依赖科技中解放出来，恢复人在世界中的本体地位，而非依附于科技发展。

从社会发展中人主体地位的体现到教育领域中对作为学习者、施教者的教学活动参与主体的"人"的重视，"以人为本"思想在包括教育在内的各个领域都得到了重视。教育教学中的"以人为本"教学理念旨在将教学活动参与者从传统教学中的非人性化的状态中解脱出来，恢复人的教学主体地位，强调了"人"的重要性，在教学中，真正关注教师、学生的健康、可持续发展。

2. "人本主义"理论具有以下几个基本观点。

（1）学习者是学习的主体，应受到尊重。

（2）学习是丰满人性的过程，根本目的是人的"自我实现"。强调教育应促进教学参与者（尤其是学生）人格的完整，促进人的认知与情感的丰富、提高。

(3)人际关系是最有效的学习条件。

(4)"意义学习"是最有效的学习。

(三)"以人为本"的教学解析

"以人为本"教学理念的核心是教育要提升人的主体地位,"以人为本"实际上就是"以学生为本",教育应重视学生在教学中的主体地位。教育的"以人为本",要求教师应尊重、理解、关心和信任学生,发现每一个学生的不同之处和过人之处,关注学生的个性化发展。"以人为本"教学理念,"人"是指学生,也指教师,教学应把学生和教师作为教育的主体。"以人为本"包括"以学生为本"和"以教师为本"两方面内容。"以人为本"教学理念是一种以尊重和关怀他人为核心的教学理念,倡导以人为主体,以教育为主体。在"以人为本"教学理念中,广义的"人"是指学生、教师和教育管理者,狭义的"人"是指学生,教育是"培养人"的一种活动,"以人为本"中的"人"的最大内涵是"学生",教育应以学生的身心健康、全面发展为"本"。

(四)"以人为本"的教学观点

1. 教育的目的是促进师生自我实现

(1)在体育教学中,学生的自我实现是指要促进学生的身体、心理、智能、社会性等全方位的自我发展,让每一个学生都能通过体育教学有所进步,体育具有多元教育价值,通过体育教学能促进学生的各种素质的综合发展。在"以人为本"的基础性理论——人本理论的支持下,体育教育强调了在体育教学中不仅要重视健康知识和运动技能的学习,还要通过科学的体育教学环境创设和教学过程安排来促进学生的心理、情感、智慧、社会性的发展,使学生情感和智力有机结合。教育学家罗杰斯认为,体育教育的一个重要教学任务就是在体育教学中促进学生的认知与情感的共同进步与发展,通过体育教学,发掘和发挥每一个学生的学习潜能,培养学生在各个方面的创造性,最终所培养出来的学生应具有创新、创造的意识与能力,这样的人才是社会真正需要的人才。

(2)在体育教学中,教师的自我实现最基本的就是能创造性地完成体育教学任务,在教学中实现作为教师这一角色的价值,通过体育教学培养出适合社会发展的合格人才,促进学生的发展与进步。同时,在体育教学中,通过对体育教学的科学设计与各种丰富多彩的体育教学活动的开展和教学媒体媒介的应用来提高自己的教学能力、组织能力、社交能力、科研能力和创造力等,促进自我综合教学能力和体育素养的不断提高,实现自我职业生涯的不断发展，并能在日常工作和生活中身体力行地从事体育健身锻炼，不断提高自身的身体健康水平，并能对学生和周围的人形成一种潜移默化的影响。

2. 课程安排应尊重学生的自由发展

在人本教育理念产生之前，传统的教育侧重社会价值和工具价值，人本位的思想和观念使得人们认识到了传统工具化教育是对其本质属性的违背，必须认识到人是教育的出发点，人本教育将教育的重点落实到人身上，关注人的健康成长。在人本教育基础上我国所提出的素质教育也正是关注人的以学生为本的一种教育，素质教育的实施方针是坚持实现自身价值与服务祖国人民的统一，学生是教育活动的主体，素质教育背景下的教育应关注学生的个性发展，独立人格发展。在体育教学中，教学应关注学生群体与个体的统一性与个性化发展，并通过体育教学，调动每一个学生的积极性，促进每一个学生的自我进步。

体育教学所面对的教学对象是人，每一个人都与其他人存在个体差异，教育不是为了"批量生产人才"，而是旨在促进每一个人健康全面发展的基础上的个性化发展，因此，体育教学应在统一要求的基础上做到因材施教，教师必须要尽可能实现多种多样、侧重点不同的教学课程设计，使每一个学生都能在体育教学中有所进步与成长，通过科学体育教学活动组织与引导学生的正确、充分参与，培养个性化的人才。

3. 教学方法选用应重视学生情感体验

人本主义教学理论强调"以人为本"，主张教学以学生为中心，实现个性化发展，而学生的这种发展都是从学习经验中体悟和实现的，因此，这就要求体育教学中应重视科学化体育教学方法的选择，激发学生的体育学习兴趣，为学生创造良好的学习体验。

在弘扬人的个性，强调以人为中心，尊重人情感体验的现代体育教学中，体育教师应全面了解学生、充分尊重学生、真正理解和信任学生，在此基础上，教师与学生之间的"高高在上""师命不可违"的关系才能彻底改变，才有助于教师与学生构建和谐的师生关系。而良好的师生关系的建立对于体育教学活动的顺利开展具有非常重要的意义。可以说，学生对体育学习的个人爱好、获得学分是重要动机，来自教师的个人魅力因素也具有重要影响。此外，师生的和谐关系建立也有助于教学活动中师生能够更好地配合，从而提高体育教学的质量。

二、"以人为本"教学理念的高校体育教学指导

(一)重新定位体育教育价值

传统体育教学在对"育人"的认识上存在不少误区。长期以来,人们总是在理解体育科学化的基础上,常常采用生物学的观点来对学校体育的价值做出判断,并且过多地关注学校体育"增强体质"的功能。此外,在对体育运动的本质理解上,一些教师存在一定的偏差,以足球运动教学为例,我国体育教材普遍将体育运动确定为是以脚支配球为主,两个队在同一场地内进行攻守的体育运动项目,针对此概念,有教师认为,"球"是活动争夺的目标,自然应该处于主体地位。因此,也就忽视了"球"要受制于人,"人"才是整个体育活动中的活动主体。

在全球化的发展背景下,各种思想文化处在不断的发展和融合之中,教育思想也呈现出这一发展趋势,人本理论和"以人为本"教育理念的提出体现了当代社会对人的发展的重视,在体育教育教学领域,当前的学校体育更加强调人性的回归,学校体育的根本出发点和落脚点应是"育人"。

现代高校体育教学中,"以人为本"教学理念是符合当前时代的发展要求的,当前社会,人的发展在社会的各个领域受到了重视,即使是在智能时代,很多机器生产代替了人工生产,但是发明机器、操控机器的还是人,人在人类社会的发展中是起到关键作用的,任何时候都不能忽视人的作用。

人本主义教学理念与思想指导下的体育教学,就是要求教育者在体育教学活动开展过程中关注作为教学对象的学生这一因素,教师的教学活动开展需要学生的参与、配合,如果没有学生的参与,则教学活动就没有开展的意义了。

必须提出的是,教师也是教学活动中非常重要的参与一方,也是应该受到关注的人这一要素。体育教师在教学活动中所发挥的作用也不容忽视。

现阶段,我国的体育教学思想呈现出多元化的发展趋势,诸多教学思想都围绕"人"的教育展开论述,讨论了体育教学中如何更好地促进和实现"人"的发展。

(二)体育教学目标的重构

在我国,传统的学校体育教学目标为增强学生体质、掌握"三基"和德育,体育教学过于功利化,过于追求竞技成绩和金牌数量,这些都严重忽视了学生的健康发展,不利于学

生的健康可持续发展的同时，也不利于整个教学的可持续发展。

随着体育教学的不断发展，新的科学化教学理论、教学理念给了体育教育工作者更多的教育启发与指导，体育教学的育人作用被不断丰富和发展，多元化的学校体育价值体系对体育教学目标重构提出了要求。

新时期，"以人为本"教育理念在学校不同学科的教学中被广泛应用并渗透，也有越来越多的学者认识到传统的体育教育体制不再适合当前的体育教育教学，不能单纯地追求学生的外在技能水平，而应该重视学生的全面、健康、可持续发展。新时期的体育教学的重点转移到"以人为主"上，在体育教学中，教师必须认识到，人是运动的参与者、是运动的主体，体育运动的教学和训练也必须以促进人的全面发展为根本目标。

（三）学生教学主体观的建立

现阶段，"以人为本"教学理念成为我国体育教学的重要教学理念，我国的体育教学实践活动开展过程中，越来越多的教师开始关注学生，从学生的特点、条件、基础和学习需要出发来选择教学内容、教学方法、教学组织形式与教学模式。高校体育更多以选修课形式设置，不同教师之间也正是通过个人教学能力、对学生的"因材施教"、关心关爱学生、研究学生而获得学生的喜爱，以此来促进更多的学生来选修自己的体育课程。总之，学生是教学的主体，没有学生，教学也就不复存在。

（四）体育课程内容的优选

传统体育教学对学生的全面健康发展关注不够，体育教学课程内容主要是竞技体育运动技能，体育教学课通常被体能训练课、技能训练课代替，新时期的"以人为本"教学理念重视学生的全面、健康、个性化发展，在体育教学内容选择上也更加科学。

在"以人为本"教学理念指导下，我国的体育教学有了很大的进步与发展，为了进一步促进我国体育教学的改革，教育部门先后修订各级学校体育教学大纲，强调在体育教学中要不断丰富体育教学内容，旨在通过多样化教学内容促进学生的身心健康与全面发展。高校体育教学中，教学活动开展也建立在落实"健康第一"教学理念的基础上进行，通过丰富的体育教学内容来吸引学生参与体育锻炼，通过体育教学促进学生身心健康发展，而非传统体育教学中只关注竞技能力提高，有时为了达到"竞技力提高"这一目的，甚至安排不合理教学内容，超负荷的拔苗助长，可能对学生身心健康造成损害，这种行为是"健康第一"教学理念坚决禁止的。

此外，在丰富高校体育教学内容的同时，"以人为本"教学理念还强调体育教学内容与不同大学生发展需求的相适应，在体育教学内容优选中应注意几点要求。一是突出体育教学内容的趣味性，在课程改革过程中，激发学生学习的兴趣。二是强调体育教学内容的健身性，对过度强调竞技技术提高的体育教学内容予以摒弃或改变，使之能更好地为促进高校大学生身体健康服务。三是重视体育教学内容的适用性，体育教学内容的教学实施应有利于学生的当前身体健康发展，并能为高校大学生的终身体育意识和体育能力的培养奠定基础。四是关注体育教学内容的创新性，高校体育教学内容还应适应现代化社会发展潮流，应具有启发性、创新性，促进高校大学生的创新意识和能力培养。

三、"以人为本"教育理念对我国高校体育改革的启示

（一）学校体育价值的重新审视

人文主义精神在现代体育教学中得到了很好的彰显，这同人文精神得以弘扬的时代潮流相适应。育人是学校体育的根本出发点和落脚点。但长期以来，我国学校体育对"增强学生体质"给予了过度的关注，但对体育运动其他方面的价值却有所忽略。另外，随着现代社会的不断发展，实用主义对学校体育产生了重要的影响。学校忽略了对学生情感、个性等的培养，这不利于学生的全面发展。

促使学生体质得以增强是学校体育的首要功能，但这并不是唯一的，在促使学生体质增强的基础上，学校体育也对体育教学的人文价值进行了进一步拓展，并对多元化的体育教学价值体系进行了很好的构建。

（二）学校体育课程内容的重新调整

我国学校体育课程一直以来都是处在不断发展和变革之中，但就目前来说，体育课程内容很难使体育教师的要求得到完全满足。因此，在体育教学未来的发展和改革中，要对体育教学课程内容进行一定的调整，以对体育教学不断变化的需求进行适应。一是普及性，体育课程内容中对于一些竞技体育项目中不适合该年龄阶段学生的技术要领、规则、器材和设施要进行相应的改造，以有利于学生参加运动健身。二是创新性，体育课程内容还要为学生创新精神的发展提供广阔的空间。三是趣味性，体育课程改革与发展的过程中，要充分利用学生的好奇心，激发其学习的积极性和主动性。四是适用性，体育课程内容的设置要侧重于对学生的终身体育能力的培养，加强学生与社会和生活的联系。

(三)学校体育教学的重新认识

在"以人为本"教育理念之下,产生了很多教学观念,如成功体育、快乐体育和终身体育等,这些思想观念对学生的创新健身、个性等方面的培养给予了充分的重视,并注重激发学生的学习积极性。在改革体育教学的过程中,一些体育教学模式不断涌现出来并得到了非常广泛的传播,如情境式教学、发现式教学、快乐式教学以及创造式教学等。对于如何将学生的被动学习变为主动学习,如何使学生获得良好的情感体验,如何发展学生的个性等问题,已经成为现代学校体育教学改革讨论的热点话题。

进入21世纪后,在以人为本的教育理念下,学生学习体育知识不再承受痛苦和沉重的负担,而是为了展现自我、弘扬个性、满足自身享受快乐的需要。各种思想文化在全球化的发展中处在不断地发展和融合之中,这使得体育教育思想和理念呈现出了多元化发展的趋势。在新的历史时期,我们应把握住机遇,加强体育教育理念的更新,从而促进体育教学的发展。

第二节 "健康第一"教学理念

一、"健康第一"教学理念概述

(一)"健康第一"的提出背景

21世纪以来,关注人的健康教育成为新时期高校体育教育的重点,我国更加重视学生在体育教学中的全面健康发展。"健康第一"是现阶段体育教学的一个重要教学理念,我国学校体育的指导思想是"健身育人","健身"与"育人"的结合,体育运动教学应将促进学生的身体健康发展放在首位,突显了体育教育本质。国务院印发《关于强化学校体育促进学生身心健康全面发展的意见》,首次把学校体育与健康中国、中国梦紧密结合起来,指出"学生体质健康水平仍是学生素质的明显短板"的事实。《"健康中国2030"规划纲要》,进一步提倡要加强学校健康教育力度,指出高校体育作为体育教育的一个重要教育构成,在促进我国学生体育健康教育方面、加强健康中国建设方面发挥着重要的作用。"健康第一"教育理念在高校体育教学中发挥着重要的影响作用。

(二)"健康第一"的理论依据

随着科学科技的不断进步,经济迅速发展、社会生活节奏日益加快,人类的体力劳动越来越少了,长时间伏案工作所造成的"运动不足""肌肉饥饿"严重影响了人们的身体健康。基于社会压力所产生的各种心理疾病严重影响了人们的心理健康;社会功利化发展,过多的利益争夺对人们的社会性发展也产生了不良影响。诸多健康问题困扰着个人的发展和整个社会的健康发展。

进入21世纪以后,"全民健身"和"青少年体质健康"问题更大范围地走进我国国民的生活视野,大众体育健身参与、体育健康教育成为我国阻挡"现代文明病""办公室疾病""肌肉饥饿与运动不足病"的首选良方和强大武器。

在当前和未来社会的发展过程中,健康问题将始终是影响个人和社会发展的一个重要问题,社会的快速发展与激烈竞争要求现代人才不仅要有正确的政治思想,具备扎实的科学知识和能力,还必须具备强健的体魄,身体健康是其他一切健康的基础,身体是革命的本钱,身体健康是个体生活、学习、工作的基础,如果没有一个健康的身体,则很难在社会劳动力竞争中占据优势,社会竞争对劳动力的基本要求就是身体健康。要想在这个竞争中立于不败之地,必须首先拥有一个健康的体魄。教育的最终目的是促进个人的健康发展、培养符合社会发展的合格人才,对学生群体的身体健康教育是体育健康教育的重中之重。

(三)"健康第一"的教育特点

1. 强调身体健康是健康的基础

"健康第一",其中所提到的"健康"是全面的健康,是包括身体健康、心理健康、社会适应等在内的多维健康,而健康的基础是身体健康。健康的体魄是人类发展的基本标志。教育应首先关注健康教育。

2. 强调多元健康发展的素质教育

"健康第一"作为现阶段一个重要先进教育理念的提出,其强调体育教育应重视学生的健康发展,指出学校教育教学的首要目标是促进学生的健康成长,学生的身心健康比"卷面分数""升学率"更为重要。

3. 强调健康教育的全面性

(1)学生身体健康教育。在"健康第一"指导思想指导下，高校体育教学应时刻关注学生各方面健康的综合发展，通过体育教学，关注和促进学生的身体健康发展，也促进学生心理和社会性的发展，以为学生奠定良好的身体基础、心理基础，并能在走出校园走进社会之后能有良好的身心健康状态和水平应对生活、工作、再教育中的各种挑战。

(2)学生心理健康教育。现代社会竞争日益加剧，各种社会竞争要求社会生活中的每一个成员都应具备良好的心理素质，如此才能正确地看待、应付学习、生活、升学、就业、恋爱、婚姻等过程中的各种问题。当前，就我国高校大学生群体而言，许多大学生都深受学业、就业，生活中各种问题的困扰，都存在不同程度的心理问题。因此，教育关注学生心理健康非常必要。体育具有促进运动者健康心理形成和发展的重要作用，现代大学生压力大，也容易受到不良因素影响，高校体育教育应关注大学生的心理健康发展，通过体育教学活动的开展，促进大学生心理健康发展。

(3)学生社会性发展教育。体育是一种独特的教育形式，学校体育教育可促进学生社会性的良好发展，应该在教学中有意识地培养学生人际关系的建立、竞争与合作能力。

因此，在高校体育教学活动开展中，深入挖掘体育的教育价值，在体育教学实践中充分贯彻"健康第一"的教育理念，切实促进学生身心健康的全面发展。

二、"健康第一"教学理念的高校体育教学指导

(一)树立体育教育新观念

"健康第一"教学理念对我国体育教育最重要的影响就是教育重点和方向的转变，新时期，要贯彻"健康第一"的教学理念，就必须转变体育教育观念，改变竞技化体育教育，关注学生身心健康发展。应该把教育的重心从单纯地追求学生的外在技能水平向追求学生的全面协调发展转移。

新时期，不断强化高校体育教育教学改革，必须落实健康教育，每一所高校、每一位高校体育教育工作者，都应该形成正确的体育价值观、培养良好的意志品质，不断完善性格特征。总之，现代科学化的体育教育应该将体育教育工作理念从以往单纯的"增强体质"为主转移到"健康第一"的新型教育观、发展观。现阶段，社会发展对人才的要求是全面深化，一名合格的社会人才应该是健康发展的人才，身体健康、心理健康、社会适应良好

等，缺一不可。

（二）明确体育健康教学目标

在当前的体育教育教学实践中，"育人"是学校体育教学工作的最根本目标，技术教育和体质教育并不能完全作为学校体育实践的重心，"健康第一"的教育理念为促进我国高校体育目标多样性、建构多层次性提出了新的要求。具体如下：一是高校体育教育应重视加强学生的体育文化知识教育，提高学生体育文化素养。二是高校体育教育应充分融合健康、卫生、保健、美育等多种教育内容，通过内容全面的体育教育来培养学生健康的体育意识、健康的娱乐休闲习惯，远离可能影响个人身体健康的一切不健康因素和事件。三是高校体育教育工作的开展应紧密结合学生生长发育与生活实际，使学生会自我保护，预防疾病的发生。四是高校体育教育应重视大学生青春期教育和心理健康教育，将其作为健康教育的重要内容来抓，为学生在特殊时期的健康成长提供科学指导。

（三）完善体育教学课程体系

深化高校体育教学课程体系改革是促进高校体育教学发展的一个重要而有效的途径，新时期，要贯彻落实"健康第一"体育教学理念，就必须在体育教学课程体系建设方面做好工作，不断丰富体育教学课程体系内容，以更好地满足当前高校大学生的多元化、个性化的体育健康发展需求。

在"健康第一"教育理念影响下，我国的高校体育教学课程现状发生了很大的改变，如体育课程内容的增加，教学方法的不断丰富、学校体育课内与课外活动的有机结合，体育选修课越来越考虑大学生的学习爱好与需要，体育课程与内容设置针对不同专业学生的特点等。

现阶段，要继续贯穿"健康第一"的教学理念，建设更加完善的体育教学课程体系，应持续做好以下工作：一是在高校体育教学中，应始终坚持以学生为主体，将学生的身心健康发展放在首位，所有教学活动的开展都应围绕促进学生的健康发展服务。二是调整体育教学内容，充分了解学生的特点和需求，对体育教学大纲所规定的教学内容进行科学选择，对与本校实际教学情况和本校学生不适合的教学内容进行调整，使体育教学内容能更好地从理论落实到教学活动实践中。三是丰富体育教学内容。通过丰富的体育教学内容吸引高校大学生的体育学习与体育参与兴趣，通过丰富的体育教学内容满足大学生不同的体育学习需求。四是重视教学内容的因地制宜，根据本地区气候、资源以及学校自身教学特点来进行特色化的体育教学课程设置，并研究推出更能反映本校学生健康发展的健康检测内容与标准。五是重视高校大学生课内体育教育与课外体育活动的有机结合，加强体育课对学生的教育意义，提高学生对体育课的兴趣，并使学生养成科学合理的作息习惯和健身习惯，在课余时间也能科学健身，保持健康的生活方式。

（四）重视体育教学方法优化

良好的体育教学效果的开展受到体育教学方法是否正确的影响，在高校体育教学中，有很多体育教学方法可以供教师进行选择，不同的体育教学方法有不同的特点，同一种体育教学内容的展现可通过多种教学方法来展现给学生，体育教师应该判断出哪一种教学方法是最合适的，这样可以促进教学方法应用的最优化，进而促进体育教学效果的最优化。重视体育教学方法优化，要求体育教师具有良好的体育教学能力，有能科学选择各种教学方法、有效应用各种教学方法的能力。

（五）教学评价体系的完善

在"健康第一"思想的影响下，体育教学的评价应以学生的体质增强、身心健康发展为重要评价指标，完善体育教学评价体系。"健康第一"教学理念指导下的高校体育教学评价体系的科学化构建与完善，具体要求如下：一是对学生的全面评价中，要重视对多方面的教学效果进行量化分析，并且将定性评价和定量评价相结合，提高教学评价的科学性，促进学生能更好地认识自身的不足以及获得学习的动力。二是对学生的全面评价中，要做到评价内容的全面、评价指标的全面、评价方法的全面，还要尽量做到邀请不同的评价主体进行评价。三是体育教学不仅注重对学生进行全面的评价，还要注重对教师教学的全面评价。

三、贯彻"健康第一"理念的途径

（一）提高体育教师的综合素质

在提高体育教育质量方面，体育教师的综合素质在其中发挥着非常重要的作用，现代体育教育要求体育教师不能只是满足以前知识培养的单一教学模式，同时体育教师还要具有一定的科研探索能力。这就要求体育教师掌握科学和人文两方面的基本知识，以及扎实的体育基本功。体育教师要熟知信息科学、生命科学、环境科学等基础知识，了解体育教育的人文价值，掌握学生素质发展的规律性，努力提高自身的综合素养。除此之外，体育教师还要树立终身学习的思想，以适应不断发展与变化的社会。体育教育也需要与任课教师、学生、家长等有关人员的合作，以产生协调效应。

在当前社会背景之下，体育教学还要对教师监控教学的能力进行加强，这主要包括体育教师管理学生的能力、组织教学活动的能力、对学生技能进行评估的能力以及一定的体育科研能力等。体育教师应结合自己的实际经验，善于在工作中发现问题、探索问题、解决问题，努力提高自己的科研探索能力。

(二)培养学生的健康意识和行为

在体育教学中，为使学生自觉参加体育锻炼，体育教师应结合本校的具体实际和学生的身心特点及发展规律，制定出适合学生全方面发展的体育教学大纲和教材，组织好学生参加体育运动锻炼。在上体育课时应注意适量，不应矫枉过正；在体育课外活动中应加强体育教师的指导力度；开展多种形式的体育比赛；有针对性地加强营养学、心理学、保健学、环保学、身心健康等方面的知识教育。

(三)加强学生综合素质的培养

大学生参与体育运动锻炼，需要具备一定的体育健康知识和方法，这是非常重要的。在过去的体育教学中，很多体育教师都对运动技术的培养非常重视，却忽略了对体育健康知识的传授，这在一定程度上导致了学校体育锻炼的盲目性。因此，对学生进行健康知识的培养和传授能避免这种情况的发生。另外，在学校体育教学中，相关部门及领导还要结合学校的具体实际，放眼社会，多开设一些社会上比较流行的、基础设施较为完善的体育运动课程，为终身体育的开展创造有利的条件。受学生欢迎的运动项目也能提高学生锻炼的积极性，有助于其良好运动习惯的养成。

综上所述，可知学校体育综合各个方面的因素获得全方位的发展，要以运动技术为主，同时对学生传授健康知识和健身方法，对学生喜爱的体育运动项目进行充分的挖掘和开发，对学生参与体育运动的兴趣进行培养和提高，从而促使学生能够形成终身体育意识。

第三节 "终身体育"教学理念

一、"终身体育"教学理念概述

（一）"终身体育"的基本内涵

"终身体育"教育思想的形成是人类自身和社会发展的必然。终身体育包括两个方面的内容：第一，终身体育贯彻人的一生，从出生开始一直延续到生命的结束，在人一生中，都应养成参加体育锻炼的习惯，体育是日常生活的重要组成部分；第二，终身体育是科学的体育教育，在人一生中的不同的阶段，都有正确的价值观念来指导和引导个体参加体育活动，并通过体育活动的参加实现身体的健康发展，使其终身受益。具体可以从以下几方面来理解终身体育：(1)时间方面，贯穿于人的一生。(2)内容方面，项目丰富多样，选择性强。(3)人员方面，面向社会全体公民。(4)教育方面，旨在提高全民体质健康水平。

学校"终身体育"教学思想的树立和形成能有效促进我国体育教学的发展，是所有运动项目的体育教学都应该树立的一个正确教学思想和观念。要切实推动终身体育教育理念在高校的贯彻落实，教师在推动"终身体育"教育思想的落实方面具有非常重要的责任与作用，调查发现，在学生对于体育运动的参与方面，有很多学生受到教师的影响，特别是教师业务水平的影响，教师应在教学中和课堂外都提倡学生积极参与体育锻炼。在体育课堂教学中，教师应关注学生终身体育意识和能力培养，不能只关注和过于重视技术、技能教学。在体育课堂外，教师可以组织学生开展各种体育活动、体育游戏，对高校大学生体育俱乐部活动的开展，教师应鼓励，并给出指导性意见和建议。

（二）"终身体育"的思想特征

1. 体育锻炼时间的终身性

"终身体育"是一种先进的教育理念，其最为重要的一点就是它可以令个体一生受益。从教育功能作用于个体的影响来看，"终身体育"突破了传统的学校体育目标过分强调学习和掌握运动技能的观念，打破了传统的体育教学把人接受体育教育的时间仅仅局限在校学习期间,而是将体育教育时间大大延长,贯穿人的一生。"终身体育"教育理念强调体育教学应符合学生生长发育、心理健康发育的客观规律,以及健身的长久性,注重培养学生对体育的爱好、兴趣,养成锻炼的习惯和能力,强调体育参与的终身参与、终身受益。

2. 体育锻炼群体的全民性

"终身体育"的体育教育对象指接受终身体育教育的所有人,每一个社会成员都应该积极参与,"终身体育"是面向全体社会成员的,从学生在学校体育教学中逐渐培养起体育锻炼意识到走出校门走进社会之后能持续参与体育锻炼,为以后的整个人生参与体育锻炼奠定良好的基础。因此,终身体育教育的主体并不局限于在校学生,而是面向所有民众,应做到全民积极主动参与。从一种体育发展理念演变为一种体育教育理念,"终身体育"教育理念的教育对象是面向整个人类社会成员的,"终身体育"教育不仅仅局限于学生,还包括社会大众。体育教育是一个需要长期坚持的系统工程,生存、健康是社会和时代发展主流,健康是人们生存生活的重要基础,体育健身与生活是密不可分的。因此,无论个体的年龄、社会身份发生怎样的变化,都应该成为"终身体育"的教育对象。

3. 体育锻炼目的的实效性

"终身体育"以适应个人发展和社会发展为根本着眼点。因此,终身体育的参与必须要做到因地制宜、因人而异,不同的人应结合自己的实际,选择具体锻炼的内容、方式、方法等,同时,应融入日常的生活、学习、工作中。在现代社会生活中,人们为了改善自己的生活质量,根据自身条件合理选择适合自己的体育方式,做到有的放矢,具有较强的针对性和实效性。在高校体育教育教学中,体育教学的内容选择、方法运用都应为提高学生的体育知识、体育技能服务,不断提高学生的终身体育意识和终身体育能力,如此,在大学生毕业进入社会后,也能持续参与体育健身锻炼。

(三)"终身体育"与体育教育

1. 终身体育与学校体育的相同点

(1)共同的体育目标——育人

体育具有多元教育价值,无论是终身体育参与,还是体育教育的体育活动参与,其最终目标都是为了实现体育运动者的体育、智育、德育、美育等多元教育价值,更好地促进运动参与者的健康全面发展。健康的身体是其他健康的前提条件,学校体育教学就是要培养学生的终身体育意识与能力，以其健康的一生，为更好地实现个人价值和社会价值奠定健康基础。

（2）共同的体育手段——健身

终身体育活动参与和体育教育都是通过体育运动健身参与来实现体育的教育价值的，最终的个体行为也都落实在体育健身活动上面，终身体育强调个体应养成终身参与体育锻炼的习惯，在人生的每一个阶段都积极参与体育健身锻炼。体育教学以学生的身体练习为主要教学手段，通过身体活动促进身心社会性全面发展。

（3）共同的体育任务——掌握体育知识，提高运动能力

个体的终身体育健康参与，离不开科学体育知识作指导，更离不开体育健身锻炼实践活动参与，而同时，体育知识与体育技能的掌握，也是高校体育教学的重要任务，只有掌握这两方面的内容，才能更加科学地去从事体育健身实践活动，才能通过身体力行的体育活动参与实现运动者身心健康的全面发展。

2. 终身体育与学校体育的区别

（1）体育参与时限不同。终身体育贯穿人的一生，学校体育只负责学生在校期间的体育教育。

（2）体育教育对象不同。终身体育以全社会所有成员为教育对象，学校体育以在校学生为教育对象。

二、贯彻"终身体育"理念的意义

终身体育的产生和发展具有重要的社会意义，大量的实践表明，终身体育对社会的发展具有重要的促进作用，而现代社会的高度发展也需要终身体育。对"终身体育"理念的贯彻是当今社会发展的要求，有着非常重要的时代意义，这主要从以下几个方面体现出来。

（一）提倡终身体育的思想满足现代化社会发展的需要

体育事业在现代社会下的发展是无法脱离终身体育的。因此，必须要将终身体育作为一项重要的工作来抓。提高劳动生产率，需要依靠人才更新各种科学技术，以提高社会生产力。而人才要想保持身体经常处于最佳状态，就要选择不同的身体锻炼形式与内容，以提高自己的体质水平。随着现代社会的不断发展，人们经常把从事身体锻炼作为生活方式的一个重要内容与标志，这是人类文明发展的必然。倘若一个国家，全民族都能够坚持每

天进行身体锻炼,并养成终身参与体育锻炼的习惯和意识,那么对实现国家现代化发展会有着非常重要的意义。

(二)迎合终身教育思想,促进学校体育改革

终身体育思想的形成与发展是终身教育思想发展的结果。长期以来,我国学校体育教育受应试教育思想的影响,过于偏重运动技能的教学,而忽略了理论知识的传授,并且也造成了教师与学生之间的诸多矛盾,这严重影响了体育教学的质量和效果。在学校体育教学中,学生走上社会后必须掌握的东西,教师不一定教;而教师教的内容,学生走向社会后,很多东西都用不上,这严重制约和影响着学生的发展。通常情况下,当学生毕业后,随着学业的结束,他们的体育锻炼也随之结束了。而终身体育则注重对学生各方面能力的培养,注重培养学生对体育的爱好、兴趣,使其养成锻炼的习惯,注重学生掌握系统的体育基本理论知识和科学的身体锻炼方法以及检查评定方法,形成终身体育的意识、思想、能力和习惯,对学生自觉、自愿参加和组织体育活动的能力提出更高的要求。在新的时代背景下,终身体育思想观念的提出,为学校体育教育改革指出了新的思路和方向,能极大地促进学校体育的发展。

(三)满足体育生活化社会发展趋势的需求

在当前社会背景下,人们的生活和体育两者之间的界限变得越来越模糊,通过建立终身体育意识和观念,坚持从事体育运动锻炼,可以促使社会成员的体育意识得以不断增强,提高人们对体育运动锻炼的认识,并形成自觉自愿锻炼的良好风气,这已经成为现代社会发展的必然。终身体育观念和意识的形成,对推动群众体育的发展,促进文化交流都有着非常重要的作用。终身体育注重人的个体性,并且着眼于人一生中的不同年龄阶段、不同的生活环境、不同的职业特点来选择不同的内容和方法,采用不同的形式的身体锻炼,以终身受益,这种群众体育活动才是真正意义上的普及活动。值得注意的是,由于受到诸多因素的制约和影响,我国每年所开展的体育活动都是非常有限的,体育锻炼在实效性方面并不理想,就需要我们通过采用各种措施和手段,有效地促进群众体育更好地发展。总之,倡导终身体育不仅是发展群众体育的有效途径,同时也是实现我国体育生活化社会发展趋势的要求。

(四)终身体育的发展有利于经济建设

社会各个方面的因素都会对体育的发展产生制约,其中经济是其中最为重要的一个因

素，经济发展的水平会对终身体育的发展产生一定的制约和影响。随着现代社会的不断发展以及我国社会主义现代化强国战略的实施，人们逐渐认识到体育与经济的关系：经济是体育发展的基础，体育也能促进经济的发展。在现代经济不断发展的条件下，人们的终身体育思想得到了极大的强化。在现代社会发展背景下，体育发展是以社会对体育的需求作为动力的，经济的发展能够促进社会对体育的发展提出更高的要求，同时经济的发展也能够为体育事业的发展提供经济投资可能，终身体育的发展能够为经济的发展提供更为充足的动力，对社会经济的建设是非常有利的。

三、"终身体育"教学理念的高校体育教学指导

（一）转变传统体育教学思想

"终身体育"教学思想指导下的高校体育教学，应该在体育教学内容、体育教学方法、体育教学评价等方面都做到以培养和提高学生的终身体育意识和能力为标准，通过与学生日常生活、学习、工作关系更密切、关联程度更大的体育项目教学，培养学生的运动习惯，而不是仅仅关注学生的运动技能掌握情况。

高校体育教育教学过程中，教师应将体育教学达标的制订从单纯和过度关注技能指标的思想观念中解放出来，关注学生的体育价值观、体育态度、体育意识、体育行为习惯，如此才能真正有针对性地开展体育教学，才能真正实现终身体育教育。"终身体育"教学理念是高校体育教学改革的指导思想，也是高校体育教学发展的落脚点。

（二）重视学生终身体育意识的培养

个体的体育活动参与行为的实现，必须建立在对"终身体育"教育理念有一个正确认识的基础上，"终身体育"意识是高校大学生主动学习体育、参与体育的重要内部驱动力和动机。

当前社会，社会节奏快、生活压力大，每一个人都面临着各种各样的生理和心理负担，要获得高质量的生活，就必须确保身心健康发展，体育运动能有效促进运动者的身心保持良好的状态。终身体育对于学生的身心素质发展促进同样具有重要作用，学生走进社会之后，在社会上面临的各种压力并不比学生时代少，甚至要更多，体育健身锻炼是一种身心压力释放、身心健康状态重塑的过程，对运动者保持良好身心状态迎接生活、学习、工作挑战是非常重要的，可以有效提高个人生活质量，提高学习、工作效率。

终身体育活动参与对个人的社会性发展具有重要的促进作用，大学生坚持体育健身锻

炼，能有效增强身心适应能力，可以在毕业步入社会后更好地适应社会，提高自己抗击压力的能力。

现代高校体育教学实践中，要培养学生的终身体育意识，要求教师应做好以下教育引导工作。一是引导学生树立正确体育价值观。二是端正体育学习态度。三是将素质技能、知识、能力等教育内容渗透到终身体育教育中。四是通过体育教学丰富学生的体育知识、体育技能，提高终身体育参与能力，为终身体育锻炼奠定基础。

(三) 丰富终身体育教学内容的设置

学生的个体差异性决定了学生的体育兴趣爱好不同，所适合从事的体育运动项目不同，所渴望学习的体育运动知识与技能(水平)不同。因此，在高校体育教学中，不能只追求学生某一特定运动技能和运动的熟练程度，而应重视不同学生的不同体育发展需求，尽可能地丰富体育教学内容，使体育教学内容、项目和层次多样化。

"终身体育"教学理念指导下的体育教学内容丰富化教学工作要求如下。一是延伸与拓展学校体育课堂教育，使学校体育向终身体育延伸。二是不同教学内容的课程目标设置应在充分了解与分析学生现状的基础上进行，以体育课程终身体育教学目标为导向组织体育教学。三是选用体育课程内容时，应重视对休闲体育项目、时尚体育项目的引进，开展能够激发学生体育兴趣和潜能的体育活动。

(四) 关注学生需求与社会需求的统一

"终身体育"旨在为学生提供一种健康的生活态度与生活方式，对于任何人，身体健康都是个体适应现代社会生活、工作、发展的必要条件。高校体育教育的终身体育教育理念的贯彻，就是要在培养符合社会发展的合格人才的基础上，促进学生的个性化发展，实现学生的社会价值与个人价值的共同发展。

高校终身体育教育对学生需求与社会需求统一性的实现，要求应做好以下工作。一是重视国家需要、社会需要与学生个体需要的有机结合。二是明确学生需要与社会需要的彼此地位。这是正确处理学校体育发展与社会需要适配性的关键问题。三是重视体育教育的健身价值与人文价值的实现，重视体育知识、体育技能、体育习惯的共同培养。四是围绕学生开展体育教学，充分满足学生的学习和发展需求。五是全面提高大学生的体育素养，以符合社会发展对人才的体质、体能、知识、精神、道德要求。

"终身体育"教育有四个支柱，即"学会认知、学会做事、学会生活、学会生存"，但应充分考虑"终身体育"与"以人为本""健康第一"的有机结合。

第三章 高校体育教学现状分析

第一节 我国高校体育教育教学的现状及问题分析

我国的高校体育教育从一开始走到今天,可谓吸收了众家之所长,许多有益的教学方法和手段不断涌现,体育教育的理念也在不断更新。然而,与预期中的体育教育成果相比,实际的教学效果并不理想。一组大学毕业生的调查数据中显示,毕业后仍旧坚持一定周期频率进行体育健身的人占54.25%,仅仅高出半数一点儿,而处于"亚健康"状态下的大学毕业生则占比较大。造成这个结果的因素有很多,但高校阶段的体育教育出现偏差是我们不能回避的问题。为了能够解决这一问题,针对我国高校体育教育的现状及出现的问题进行客观的分析和诊断就显得尤为必要。

一、我国高校体育教育教学的现状

近年来,学校体育教育已经成为体育教育领域中人们重点关注的问题,许多专家学者都将研究的目光落到这个领域,而高校体育教育更是其中的关键。在较短的时间跨度内,许多关于改革高校体育教育的理念和方案被提出来。然而,在经过更加深入的论证和尝试后我们能够发现,其中许多方案的实施存在问题,不能如预期那样给体育教育带来效益上的明显改变。为此,要想提出最恰当和最符合我国教育情况的方案,我们就应该首先从最基本的高校体育教育现状开始分析。

1. 通过对大量有关文献的研究分析,当前国内外的教育形式可概括为以下几种。

(1) 传统方法的体育教学。

(2) 以学生体育为指导思想的体育教学。

(3) 以竞技体育项目为主的体育教学。

(4)快乐体育教育。

(5)以发展个性为主的体育教学。

(6)以传统项目为主的体育教学。

(7)以发展能力为主的体育教学。

(8)以增强体质为主的体育教学。

(9)以终身教育为主的俱乐部体育教学。

2. 我国绝大多数的高校体育教学的形式仍然采用传统的体育教学模式。

这种模式将走、跑、跳、投与各项目基本技术等基础动作技能作为主要教学内容，为了达到统一的教学模式、使教学程序达到预期的效果，较多地强调了教学中的某一个侧面，而不能照顾到更加全面的需求。然而，当前的改革措施也多带有一定的局限性，导致一种方法虽然在某一时间、某一地区流行一时，但多未形成一种改革的总体趋势。

现如今，我国对高校体育教学的重视程度不断提升，进而也带来了对教学目标与教学要求的提高。我国在深化教育改革的同时，把素质教育作为教育改革与发展的主旋律，并逐步将其与科技、经济、文化、社会等多领域相结合。如此一来，高校体育教育不再是简单地对学生身体方面的体质提升方法，而是一种全方位的素质教育手段。在这种大环境下，高校体育教育应具备以下功能。

(1)设置例如"定向越野""野外生存体验""特色课程""攀岩登山"等内容的新课程，在一些自然和人为的条件下，设置各种困难和障碍，让大学生在克服困难和超越障碍的过程中，能够多开动脑筋，运用团体的力量与智慧，共同达到预定的目的，从而培养大学生适应环境、战胜自我、战胜困难、吃苦耐劳、面对困难、团结协作方面的品质以及意志。

(2)高校体育教育能够满足大学生各种不同的兴趣、爱好的需要，让不同层次的在校生的身体素质得到提高，能够体验体育运动的乐趣，并且产生诸如成功、成就感等心境，令学生的自尊、自爱、自信、自强、竞争意识等方面的心境得到加强。

(3)高校体育教育能够培养大学生的组织与参与能力、人际交往能力，从而促进大学生的文明行为和个性心理的良好发展。

二、我国高校体育教育教学中存在的问题分析

我国长期沿袭的体育教学尽管在一段时期内，对青少年的身心发展带来了较多帮助，但随着时代的发展和社会对新型人才的需求，这种较为传统的高校体育教学已经出现了诸多不足，其理念和实践方法均已不适应新时期高校体育教学的目标和要求。为此，本节就对我国高校体育教育发展中存在的问题进行总结与分析，以期通过对问题的分析与了解为

高校体育教育更好的发展扫清障碍，探寻到更好的发展之道。

（一）对于学生的主体性认识不足

在教学过程中，学生的主体性主要体现在两个方面，一是学生的体育实际需要与具体要求对于教学的主导性；二是学生在教学中的主动性与独立性。虽然我们强调应以素质教育代替应试教育，提出教学应以学生为主体的思想，但是这样的思想未能在教学中得到体现，以至于一些高校在理论教学和运动教学中，都存在对学生主体认识不足的问题。从理论教学看，教学仍以传统的思想和认识为主，遵循传统的模式，缺乏思想认识、理论实践、结构内容等方面的突破；沿袭"填鸭式"的讲授方法，留给学生的依然是被动的接受和狭小的思维空间；教学内容不注重高等体育教学的本质以及成人期学生对体育的需要和对学后体育行为的要求。从运动学看，虽然一些高校尝试俱乐部教学、选项教学、小集团教学、体能分班教学等形式和方法，努力弥补传统体育教学中存在的不足，但是，由于教学思想僵化以及教师缺乏对运动教学的本质、价值、内容和高校教学要求的深入认识，这使得这些教改尝试大多停留在追求形式的层面，难以将"以学生为主体"的精神真正体现到教学中去，无法更好地发挥学生的主体性。我们认为，在体育理论教学中，教师应以培养具备体育科学素养与文化素养的高素质人才为目标，以终身体育、健康体育的理论、知识和方法为重点，既要注意体育教材的系统建设，又要注意教学形式的多样性、教学方法的灵活性，以及学生参与教学的积极主动性。在教学中，教师要以为健康而终身体育的思想、行为和方法教育为目标，在认识社会体育现状和健康体育要求的基础上，力求将以学生为主体的兴趣教学同自主体育能力的培育有机地结合起来。

（二）课程结构与内容安排的缺陷

1. 一些高校现行的教学大纲与课程结构忽视了成人学生与非成人学生在身心特征、学习特点等方面的实际差异；忽视了课程教学与课外锻炼间的互动关系；忽视了理论教学在培养学生体育意识，教育学生认识体育、了解运动、掌握方法和学会应用等方面的价值；忽视了理论教学与运动教学间的关系和两者在教学中的比重，这不仅会造成高校学生对体育的片面认识，也会影响终身体育与健康体育教育的贯彻和实施，而且给新时期的高校教学建设工作带来极大困难。

2. 现行的高校体育教学长期沿袭传统内容。在理论教学上，虽然一些高校已经增加了关于养生、保健、卫生、锻炼等方面的知识讲授，但是，一些高校长期缺乏对中西方体育进行文化、历史、时代的比较以及缺乏对生物体育、人文体育等方面的深入分析，极易造成学生在不甚明了何谓体育、为何体育的情况下,被动地接受教育。这不仅不利于学生对体育的认识和了解,而且影响学生的正确认识,进而影响学生为接受体育、获益体育而对教学内容加以思考领会的主动性,不利于教学一体、互动的实现。虽然在教学过程中,教师融入了有特色的教学内容,但是他们受各种传统的观念的影响,以及对运动知识理念缺乏剖析,使学生对知识的领会难以达到应有的深度,以至于学生只知运动之术不知运动之道,导致"知其然不知其所以然"的盲目运动,结果势必不利于学生体育能力的培养。

(三)对于体育教学的本质仍未明确

运动教学是通过选择运用相关的教学方法和手段加以实施的。

就运动而言,体育教学只是为实现目标而运用的手段,同体育的本质有明显的区别。具体到高校体育教学,运动教学是主要的形式、有效的方法、具体的手段,但其并不等于体育教学,体育教学的内涵包括体育的功能、作用、文化内涵等。然而,高校体育在很长时间内是崇尚运动、强调竞技、强调技能、注重成绩,追求体能的;在教学实践中,教学内容注重围绕身体素质与运动能力展开。新时期高校体育教学的目标与要求,决定了运动教学项目本身只是手段,是为具体教学内容服务的有效教学方法。因此,教学应以完善学生体质为本,去实现和应用体育目标。可见,将教学体育中的运动教学项目视为教学目的还是教学手段,实际是教师对高校体育教学的主体目标、主导任务等不同认识的结果。

(四)对于教学考评的实质认识不足

教学考评是保证教学双方实际投入的管理措施,是教学效果客观检验的具体方法、手段、标准。体育教学是一项非常严谨科学的学科,因此,对于该学科的教学成果也是需要进行考评的。然而,许多人对于体育教学的考评工作看法不一,给予的重视程度也各不相同。实际上,如果人们对体育教学的考评工作的实质认识不清,则可能会给体育教学的总体发展带来阻碍。

一些高校现行实施的体育教学中,包括对体育理论的考评以及对体育实践的考评这两种形式。对体育理论的考评主要考查学生对体育的基础性知识的了解和掌握情况;对体育实践的考评则主要考察学生运动技术的掌握状况和他们的运动成绩。这种直观的教学考评,其根源是教师对考评的认识不足,根据现代体育教学的观点,这种考评的方式过于简单和片面。

教学考评从表面上看是对教学效果的客观检验,但它的作用绝不仅仅于此,它更深层次的意义在于引导和促进教学的完善,使教学更好地服务于教育目标。体育教学考评应在正视体育文化的价值、不同学生身体和运动基础的差异、终身体育行为所需要的体育素养和自主能力的基础上，将体育理论考评的重心转向对体育的思想、认识和体育科学基础与文化素养的考评；将运动考评的重心转向对教学项目的技术原理、运动价值、运动效果的知识掌握程度和体育综合能力的考评等。只有这样，教学考评才能充分发挥它在高校体育教学中的指导作用，使学生真正地理解体育以及体育对生命的意义与价值，并促进新时期高校体育教学目标与要求的实现。

（五）对于创造积极的教学情境和学习环境的意义认识不足

基于人们对传统的体育认识与教学习惯，在一些高校的体育教学中，教师依然只注重教学的组织性、纪律性、强调"教"的条理性、法度性和"学"的有序性、统一性等。这种教学虽然外观严谨、规范、清晰、有度，但也存在着主观营造紧张气氛的弱点。

体育教学不仅要强调人的社会属性，而且要强调人的自然属性，这既是新时期高校体育教学的要求，也是高校体育教学的发展趋势。然而，长期以来，我们一直强调，体育从属于教育，其主要功能是强身健体，其本质属性是教育性与国家性。因而，高校的体育目标一直侧重于人的社会属性，注重"三基"和集体主义、协同思想与进取精神的教育，强调体育的社会功能与政治作用。这样的体育教育虽然是必要的，但由于它对"体育"和"人"的理解与认识较为片面，忽视了人的身心和谐对于生命健康的价值，其结果势必会轻视人的自然属性教育，也就不能充分认识教学情境和学习环境建设的意义。

从人的身心和谐、健康与体育作为娱乐游戏的角度看，高校体育教学不仅要注重对体育的认识、态度和终身体育行为能力的教育，也要重视学生接受教育的心境与愉悦的学习氛围，充分调动学生学习的积极性与主动性，增进学生对体育教学的心理认同，使他们通过积极参与、体验乐趣、感受效果和享受成果而养成爱好体育，主动、积极地从事并坚持体育活动的意识、习惯，并将"终身体育"思想落到实处。因此，注意创造积极的教学环境与学习环境，是教学改革中应予以重视的重要内容。

（六）对于体育教学如何结合课外体育需要的认识不足

新时期高校体育教育改革，既为高校体育教育指明了新的目标，也要求高校体育教学的注意力主要集中于传统的教学形式、项目和方法等。体育选修课、体育社团、体育俱乐部等体育教育新模式以及更多种类的球类运动、健身项目、民族传统体育运动、游泳等教学项目愈发丰富，这对于提高学生的运动兴趣与能力具有积极意义。然而仅仅如此就力图来保证课后体育能力和终身体育行为，进而保障生命健康，则有失全面和完备。这之所以是一种理想的想法，主要是因为参与体育运动需要有多种因素的共同构成，以及完备的周边体育环境才能进行。显然，提高运动兴趣和运动能力，只能部分满足终身体育行为的要求。高校应该在此基础上，通过加强对学生身体肌理、运动规律、技术原理、动作效果、方法价值等方面的解析，使学生认识、理解并掌握运动，提高其对身体的自我监测、发现、调控和锻炼的能力，并能够不受时间、环境、条件等外在因素的束缚，根据自身健康阶段性锻炼的实际需要，运用自己所掌握的运动、锻炼、卫生和保健的综合知识，来设计健康方案、选择运动方式、确定锻炼方法、实施锻炼计划。此外，对于初次涉及的运动项目，学生还能够根据项目的特点，运用所习得的知识对其加以分析、领会，进而自主学习。只有这样，高校才能在当前大众体育资源以及社会体育指导员配备尚不完善的情况下，切实保证体育教育真正结合实际需要，使新时期的高校体育教学所应有的价值和作用得到充分发挥。

第二节 现代体育教育的改革与发展趋势分析

随着人类社会和个体的发展变化，教育必须随之不断进行改革。体育教学改革也必须适应教育整体的改革。体育教学自身的改革也是系列改革，主要涉及体育教学思想、体育教学目标、教学模式等方面的改革。本节主要介绍体育教学思想的改革。

一、学校体育教学思想改革与发展历史概况

随着学校体育教学实践的发展和各种先进的教育思想的产生和融入，学校体育教学思想不断地发展和丰富，并逐渐形成了多种思维并存的局面。在如今的学校体育中，我们要重新审视我国学校体育教学的思想及其发展过程。对于素质教育的全面展开与体育教学的指导而言，体育教学思想及其发展过程所发挥的作用是无可替代的。

我国常说的体育教学思想，通常指的是在一定的时代背景或社会背景下，在开展体育教学实践活动的过程中，人们对于体育教学直接产生或者间接产生的看法或认识，同时，在这种条件下，体育教学理论方法体系也逐步形成，从而指导体育教学实践活动的具体实施。对于我国学校体育教学思想的历史变迁过程，作者作了如下的总结与分析。

(一)运动技术中心论的体育教学思想

在中华人民共和国刚刚成立的时期，我国的学校体育进行了一系列的恢复与改造，向

苏联学习是一种趋势,学校教育也不例外,开始全面学习苏联的教育模式,不论是竞技体育还是学校体育,从思想理论到方法体系基本上都是全盘照搬。在苏联教育体系相关作用的影响下,我国更加注重服务于社会、服务于国防的一系列内容,使强调竞技运动技术的体育教学体系得以顺利形成。此外,不管是在体育教学结构中,还是在体育教学任务中,我国都更加注重运动技术。在当时的学校体育教学中,发挥主导作用的就是运动中心论的体育教学思想。从本质上讲,这种思想只是把体育视作一种手段的存在,而对于学生存在的个体需要并没有适当的重视。此外,它也没有充分考虑到学生对体育学习的积极性以及学生的自主能力发展,而是过于强调竞技的体育教材、过于统一的体育教学模式、偏成人化的机械的体育教学方法与形式,这导致学校体育教学活动中学生的学习状态始终都是被动的,进而使学生的个性发展受到了极大的影响,体育其他功能的作用也没有得到重视。

(二)体质教育思想

在中华人民共和国刚刚成立的初期,毛泽东主席为中华全国体育总会题词,内容是:发展体育运动,增强人民体质。这为我国体育事业的发展从根本上指明了方向。对于学校体育理论思想与实践的发展而言,这一举措对其存在的长期性具有导向作用。

20世纪70年代以来,体育界的有识之士便大声疾呼,要增强学生体质。全国学校体育卫生工作经验交流会于1979年在扬州组织召开,《中小学体育工作暂行规定》得以出台,其中规定了对于中小学体育工作的评定主要是取决于学生的体质是不是得到增强,逐渐开始形成"体质教育"的理论与方法。体育教学的指导思想变成了以学生体质增强为重心,而不再是以运动技术为重心。体质教育思想强调了人体生物钟改造的问题。受体质教育思想的主导,体育教学开始采用非竞技的简单运动进行身体锻炼,出现了循环练习法,以增强学生体质为目的,并以生物学为评价标准,推崇以"负估量"的密度和强度来衡量教学效果。

(三)体育多功能思想

随着运动心理学的发展以及新兴的体育社会学科的诞生,特别是现代科学技术的高速发展,人们的生活方式发生了深刻变化。现代体育已成为一种自然与社会的文化现象,体育功能得到不断拓展。在《学校体育》杂志上,我国相关体育学者发表了一篇名为《从生物体育观到生物心理社会体育观》的文章,同时提出将单一的生物体育观转变成三维体育观的思想,其中所谓的三维体育观,主要包含生物方面、社会方面、心理方面的体育观。在体育界这一观点很快便得到认可,进而促进了学校体育认识上的又一程度的提高。体育单一观向体育多维观的转变，使学校体育呈现出多目标方向、多功能的发展趋向。在现代体育教学中，多功能的体育教学思想已经具有一定的作用。

（四）快乐体育思想

几十年前，我国从国外引入了一种全新的体育思想理论，即快乐体育思想。快乐体育思想的主要特点是在自身需要与自身愿望的条件下进行身体锻炼，对于运动中内在乐趣的体验问题进行了强调。在目标方面，快乐体育思想对于其应当同终身体育思想紧密联系在一起的思想做出了明确指示。在体育运动开展的过程中，快乐体育思想对于学生参与各种体育运动产生的不同体验、乐趣进行积极倡导，使学生能够充分地认识这种运动，渐渐地喜爱上这种运动，并且形成运动本身等同于主要目的的思想。从体育教材的内容上讲，体育教育内容的分类应该从运动过程中产生的乐趣类型重新构建体育教材体系。

（五）终身体育的指导思想

我们探讨的终身体育指导思想，主要是从终身教育思想中延伸出来的。同时，我国将终身体育作为学校体育教学发展的长期目标。随后，终身体育思想一直具有较大的影响。

基于此种思想理念的背景下，对于学生建立良好身体基础的问题以及学生自主参加学习与锻炼的问题，学校体育教学给予了一定的关注；对于学生体育兴趣爱好的培养要给予一定的重视；对于学生体育锻炼良好习惯的养成要起到一定的促进作用，使学生自我体育锻炼的意识得到养成，同时使他们能够对于一项或者两项受益终身的体育锻炼方法进行掌握。所以，国家应该适当地对学校体育教学的手段、方法与内容等方面进行改革，为终身体育的开展创造良好的条件。

（六）"健康第一"的指导思想

随着经济全球化的发展与科学技术的日新月异，从整体的角度看，社会的物质文化生活水平已经得到了一定的提高，人类的健康状况得到了极大的改善，许多疾病也从根本上得到了治疗。然而，现代生产方式与生活方式使人们从事较少的体力活动，同时自身的心理压力不断增加，这严重地威胁到人们的健康，并且这种情况也是越来越严峻。对于健康，人们重新进行了认识，所谓的健康，不是说不虚弱、没有疾病，而是在身心方面、心理方面与社会发展方面等都应该保持良好的状态。

1999年，中共中央、国务院《关于深化教育改革全面推进素质教育的决定》指出，健康的体魄是青少年为祖国和人民服务的基本前提，是中华民族旺盛生命力的体现。在学校体育教学开展的过程中，学校应该树立"健康第一"的指导思想，使体育工作得到切实加强。在"健康第一"思想理念的指导作用下，对于体育教学改革，学校应该全面深化，同时，要全面化地贯彻"健康第一"的指导思想，进而构建出体育课程的全新的重要理念，树立健康教育的全新思想观念。此外，"体育"不再是课程的名称，"体育与健康"是课程的全新名称。随后，"体育与健康"课程的新教材与《标准》也得到了陆续出台，一个将健康作为最终目标的全新的课程体系、教材体系与评价体系逐渐产生。体育教学的重要指导思想是"健康第一"，其目标是提高整体健康水平，具体内容包括：使学生的身体健康得到促进；使学生的心理素质与社会适应能力得到促进；使认知、行为学习、情感、技能等多项领域并进的体育教学格局得以形成；同其他学科领域的一系列知识有机结合，例如，社会学科、环境学科、安全学科、卫生保健学科、营养学科、心理学科、体育学科、生理学科，等等。学校要充分考虑学生的卫生习惯问题、健康意识问题、体育锻炼习惯养成问题，在体育课程教学的整个过程中，学校要始终坚持使学生健康发展得到促进的重要思想，促进"健康第一"指导思想的最终实现。

通过对不同教学指导思想的比较，我们发现，自20世纪90年代以来，体育教学思想呈现出多元现象，占主要思想的是以整体效益论为指导和以全面教育为指导的教学。单一的以发展为主的教学已经不再为人们所接受，从研究比较分析中显示，整体效益论和全面教育的思想得到人们的普遍认同，已成为教学改革的主流指导思想。

从20世纪80年代与20世纪90年代体育教学指导思想的比较中，我们看出，随着社会的进步、教育改革的不断深入和各种先进思想的融入，体育教学思想不断得到丰富和发展。然而，传统的教学观念在人们深层心理结构中仍然较稳定而持久地存在，仍然影响着人们观念的更新，当然也会影响新课程的实施，这是十分值得我们予以重视的问题。

二、体育课程的设计程序

课程设计是一项系统工程，本书试图从体育课程设计的整体结构出发，分析、研究体育课程设计的诸要素，其意图是建立一个系统的、可操作的体育课程的整体设计程序，以便使广大的体育教育工作者和体育教师更好地理解体育课程设计的全过程。这样有助于我们对已经进行的和将要进行的体育课程改革有一个正确的认识、判断和评价，从而有助于体育教学工作者确定课程改革的思路、设计课程改革的方案。

体育课程的整体设计程序包括：课程理论的学习和研究；未来预测、课程支柱的研究；价值选择、课程理念与课程模式、课程结构的研究与确定；课程的实施和课程评价。下面我们将对课程设计的诸要素分别进行比较详细的研究。体育课程的整体设计程序如图

3-1 所示。

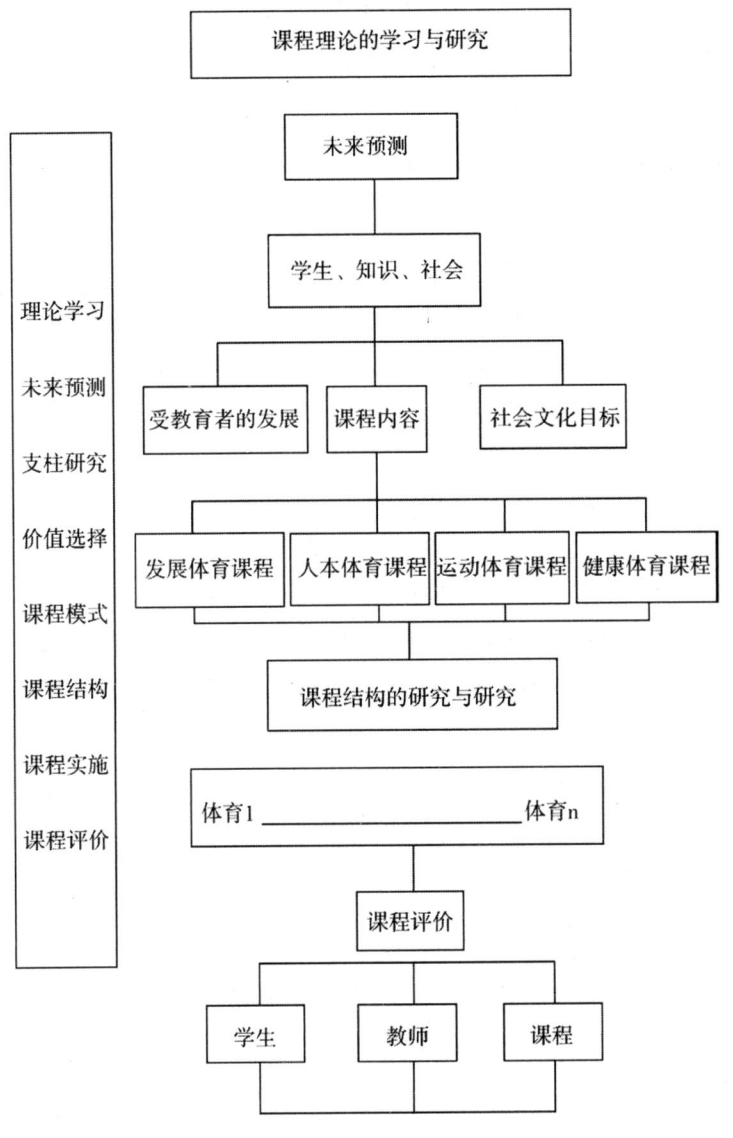

图 3-1 体育课程的整体设计程序

三、现代体育教育的发展趋势

(一) 重视学生的终身体育教育

"终身教育"的思想是法国教育家保罗·郎格朗,在 1965 年的联合国教科文组织主持召开的成人教育促进会议期间提出的,他认为学校教育要为终身教育担任重要角色。

人们必须改变自身对教育的作用的看法。扩大了的教育新概念应该使每一个人都能发挥和加强自己的创造潜力，也应有助于挖掘出隐藏在我们每个人身上的财富。这就意味着我们要充分地重视教育的作用，就是说人们要学会生存，实现个人的全面发展，不再把教育单纯地看作一种手段和达到某些目的（技能、获得各种能力、经济目的）的必由之路。有鉴于此，现代高校体育教育教学要更加重视对具有广泛的适应能力与创新意识的复合型人才的培养，更加重视大学生四个学会（学会认知、学会做事、学会共处、学会生存）与终身体育教育的培养。

随着社会的不断发展，社会对于人才的要求也越来越高，体育在人们的日常生活中受到了更多的重视，高校体育更加重视对全面发展的人的培养和体育终身意识的培养，这也必然会成为未来社会发展的一个重要趋势。

（二）重视体育课程的深化改革

高校体育教育教学重视对体育课程的深化改革是我国高校体育教学的一种重要发展趋势。教育部于2003年颁布了《普通高中体育与健康课程标准（实验）》，次年进行了试点教学，高校体育教育教学获得了较快的发展，在未来的一段时间内，高校体育教学还应该为推动课程改革与发展做出如下努力。

1. 高校体育课程的目标更加重视对大学生的人性化发展，强调构建弹性化的课程内容结构，从而更好地适应当前新形势下高校学生多元化的体育需求。

2. 高校体育课程设置更加注重高校学生的全面发展而不是单项体育知识体系的传授，强调大学生体育实践的能力，强调体育教学为终身体育服务。

3. 高校体育课程设置更加强调高校学生体育认知经验的掌握，重视高校学生体育经验、体育情感、体育态度、体育价值观的形成与发展。

4. 高校体育课程效果评价更加强调以高校学生的全面发展为核心，而非只强调运动成绩。

5. 高校体育课程设置更加强调体育课程的分级管理与体育教师在体育课程设置中的主导作用。

（三）重视野外生存训练与拓展训练

野外生存具有挑战性、冒险性、趣味性以及实用性，它能够有效提高高校学生挑战困难与处理问题的心理素质，提高高校学生对自然与社会的适应能力，培养高校学生的审美情趣与环保意识，促进高校学生的全面发展。2002年，我国正式启动"大学生野外生存生活训练"综合实践活动。同年7月,在课题组的统一领导和部署下,来自清华大学、中国地质大学、华东师范大学、上海交通大学、东北林业大学和浙江林业学院的大学生们由各校体育教师带队,以黑龙江帽儿山、湖北神农架以及浙江大明山为基地进行了为期一周的野外生存训练,效果良好,为野外生存进入高校体育奠定了基础。野外生存训练与拓展训练具有非常显著的健身特点、体育魅力及社会价值,是我国高校体育发展的一个重要方向。

(四)高校体育的课内外与校内外一体化

课程是为实现课程目标,在教师组织指导下进行的一切课内外活动的总和,这种大课程观的确立为我国高校体育走向课内外与校内外一体化奠定了坚实的理论基础。目前,我国新一轮的体育课程改革是从大课程观出发,将体育的课堂教学与课外、校外的体育活动纳入课程之中,形成课内外、校内外有机结合的课程结构。此外,中共中央、国务院《关于深化教育改革全面推进素质教育的决定》指出,学校要树立"健康第一"的指导思想,切实加强体育工作,确保大学生体育课和课外体育活动的时间。因此,要贯彻落实学校教育与体育课程的"健康第一"的指导思想,有效地增进高校学生的健康,增强高校学生身体素质,高校体育就必须走课内外、校内外一体化的整体改革的道路。

由此可见,实施新的体育课程,搞好课堂教学,认真组织好课外与校外的多种多样的体育活动,充分开发和利用体育课程资源,加强体育教师、班主任、辅导员、有体育特长的其他学科教师、校医、学生干部之间的合作,满足高校学生的体育发展需要是高校体育教育教学的重要发展目标之一。

(五)关注竞技体育在高校体育中的地位

竞技体育是社会体育文化的重要组成部分,在高校体育教学中,正确实施竞技体育教育不仅能够增进高校学生的健康,培养高校学生的运动兴趣,提高高校学生的运动技能,同时能够培养高校学生积极进取的人生态度,促进其学会建立良好的人际关系,更能够增强高校学生的竞争意识、团队意识以及责任感,提高高校学生的协作能力以及心理调节能力。竞技体育在高校体育中的地位具体表现如下。

1. 发展高校竞技体育符合高校学生的身心发展特点,能使其掌握某一项或者某几项的运动技能,对高校学生实现其自我价值具有重要意义。

2. 发展高校竞技体育是学校校园文化建设的重要组成部分,是学校丰富高校学生课余生活的重要手段;另外,学校还能通过组织或参加大型竞技比赛提高自身的知名度。

3. 提高大学生运动技术水平，为国家培养体育后备人才是高校体育工作的基本任务，学校竞技体育既是发展我国体育事业的需要，也是发展我国教育事业的需要。

总之，发展学校竞技体育是高校学生、学校、国家的需要。因此，竞技体育必将成为高校体育的一种重要发展趋势。

第四章 高校体育教学方法概述

第一节 高校体育教学方法及内容的关系

一、运动技术学习与体育教学方法主体化

高校体育教学不同于一般课堂教学，它需要有严谨的组织形式，主体的学习内容需要配合合理的教学手段，其立足点是运动技术教学。从这个角度讲，教学的计划性与非计划性、智力性与非智力性、显性与隐性的多元性都需要教学中有一个科学系统的"教"法和学生怎样合理有效的"学"法，这个"教"与"学"的尺度，我们称之为教学方法。所以教学方法决定了课程的主体。目前，教育界有种"淡化运动技术"的主流，主要以提高身体素质为主的"健康第一"为指导思想，使高校体育界对体育教学内容方法的改革趋于情绪化，体育课改为体育与健康课，教学以健身为目标，体育的科学性、运动技术性的基本原则及高校体育作为教学内容的运动知识特性被淡化，这是一种不正常的现象。

高校学生在心理上、生理上的成熟度远远高于中小学生，如果体育课不以竞技运动项目教学为主，纯粹按照健身锻炼的要求，重复中小学已经做过的身体练习，如仰卧起坐、引体向上、俯卧撑、单杠、双杠、跑步、跳跃、攀爬等所谓的跑、跳、投传统体育练习老三样，必会导致学生的反感，结果是事倍功半。就算健身的目的达到了，但这样上体育课又能坚持多久呢？大学生思想敏捷，改革意识强烈，在教学的各个层次都得到了体现，体育课程更应如此。我们应该引导学生摒弃不适合自身运动特点的传统观念，以创新、独特的运动观念诱导他们掌握一两项符合自己心理、生理条件的运动项目，将会使其终身受益。同时，坚持以竞技运动项目为主体的教学内容，灵活采用合理有效的教学方法。竞技运动项目，如篮球、足球、排球（三人制、五人制、七人制）等经过时间的沉淀，能够流行

起来表明了其强大的生命力,深受大学生的喜爱。竞技项目激烈的对抗竞争意识,不屈不挠的斗志锤炼,默契的团队精神特点与大学生的思维趋向极为相合,使竞技运动项目更加适合体育教学的需要。教学方法的实施应以运动素质带动身体素质,从学生的兴趣学习开始培养他们健康向上的思想品质,使他们的精神面貌得到升华;同时,使体育课程整体化、理想化,更符合教育规律,而教学中运动技术项目与必要的教学方法毋庸置疑地成为课程的主体。

二、体育教学中内容与形式的相互关联

动作学习是体育教学的主要内容,动作是肢体的外在表现,是直观的行为。动作在时空环境中存在使内容外在形式化。动作的名称是死的,这是命名的必然性所致,但是动作却是练习者做出来的。一定的动作必然与一定的名称内容相关联,并不存在纯形式的动作。反过来说,这反映了动作概念对应的动作行为的必然性,即教学内容与技术动作的相对性。

动作技术学习应根据大学生的生理特点灵活采用教学方法。教学方法的科学运用应以教懂、教会、教悦大学生为主要目的并贯穿整个教学过程。怎样才能有效调动学生的学习主动性,教师采用有效的教学方法是重中之重。体育作为一门教授技术动作的课程,其课程内容的选择不同于一般性的科学类课程。它与人类的文化发展、科学进步及自然科学有着密切的关系,同时运动技术与社会生活又有着不可分割的联系。在人的成长过程中,体育是教育不可缺少的一个组成部分,体育课是培养学生积极意志和健全人格集体观念和团队精神的重要课堂,因此,体育课内容应该是健康向上的,是朝气蓬勃的年轻大学生喜爱的一门健康活泼、充满生气的室外课程。内容与形式的统一,自然会产生事半功倍的效果。学生兴趣的产生恰好是主动上好体育课的基础。教学方法的科学性、合理性自然会出现学习运动技术的主动性和积极性,而教学内容与形式的统一又是学有所得的保证。

将教学目标作为一个整体来看,技术动作的教学是最关键的部分,其他目标都可在这一目标实现的基础上不同限度地实现。于是,体育教学方法与内容的关系便聚焦于技术动作的训练。

综上所述,运动技术怎样教,怎样向学生传授科学、系统、合理的技术结构和运动规则的要求,并使之正确掌握是体育教学的关键。

三、体育教学中"教"与"学"的互动及共存关系

运动技术怎样教，怎样才能被学生合理快捷地掌握，是体育教学中应该解决的基础问题，也是体育教学方法面对的现实问题。现在的体育教学法，并没有形成独立、系统、有效的理论体系。许多有关体育教学的教科书有专门章节讨论了"体育教学法"，分析了动作教学各阶段的教学法特点，也提出了一些具体的教学方法，如：语言法、直观法、形态法和纠正法等。但从已有研究来看，未能科学地深入到以人的肢体活动及情景变化为表达方式的动作技术的内在机制研究。对学生动作技术教学中"学"的研究不足，产生了"教"与"学"的对立关系。而体育教学法最重要的恰恰是动作技术学习机制，使学生形成需要的体育行为方式，使教学最终落实在学生学习的效果上。

改革体育教学法，就是摒弃传统的封闭式教学，实施开放式教学，改注入式教学为启发式教学。体育教学过程中，应提倡教师的科学"教"法与学生的主动"学"法，改变重"教"而轻"学"的旧理念，立足于终身体育和基础体育服务的观念，着重提高学生健康素质和运动素质。因此，体育教学方法应该首先认清"教"与"学"的辩证关系，它们既是对立的又是共存的，既是矛盾的又是统一的。从"教"与"学"的互动关系看，体育教学的关键不只是"教什么"，而首先是"为什么教"，只有清晰的教学理念，才能有的放矢地实施教学法。

四、与教学内容相契合的有效教学方法

教学方法能否有效运用，是决定学生能否有效完成教学内容的学习，决定教学成败的关键。有效的教学方法首先必须能够激发学生学习教学内容的动机和积极性，最大限度地防止懈怠心理；其次，还必须能够激发学生学习的自主性，引导学生能够不仅把学习看作为了完成学习任务，而且要把教学目标内化为自己的学习目标。综合各种学习理论，我们认为许多新的教学方法在体育教学中都是值得借鉴和引入的。

（一）支架式教学

支架式教学是建构主义的一种教学方法，它要求事先把复杂的学习任务加以分解，以便把学习者的理解逐步引向深入。支架式教学的基本环节可分为五个方面：进入情境、搭建支架、独立探索、协作学习和效果评价。

（二）合作学习

合作学习是一种适合于集体教学、小组学习的教学方法。它同样包含五个方面：成员之间面对面的互动、良性的相互依赖、明确各成员的职责、传授合作技巧和实施成员监控。

（三）自由学习

自由学习要求学生积极参与决定学习的内容与授课的方式。教师指导学生达成契约，明确在一学期内所要做的工作的种类和数量，以及圆满完成这些工作所能得到的分数。这是一种能够充分发挥学生主观能动性的教学方法。我们应当积极探索适合于训练动作技术的教学方法，但不能否认传统教学方法仍然有其合理之处。因而，在探索新方法的同时，不能忽视对传统方法的研究与改进。新旧方法应该在比较中获得完善。

五、方法教学是教学方法的首要关注点

方法教学是动作技术教学的支架，是科学、系统、合理地传授技术结构和运动规则的基石。方法教学的重要性是由体育教学内容的特殊性所决定的。班杜拉认为，学习过程是由个体、行为和环境交互决定的。

那么，个体的学习内容即教学内容在这种情境中就至少具有以下三个特征。一是内容的整体性。如上所述，从小学到大学，教学内容不能是简单重复，而应该有新的内容，根据学生发展的特点提出更高的要求。体育项目是丰富多样的，教学内容也不能一成不变。这是内容整体性的实现，及其作为一个多样性的有机整体所提出的要求。二是内容的情境性。情境性的内容符合生态学的标准，有助于学生形成有效的迁移，增进学习效果；能使学生建立动作图式之间的广泛联系，建构运动技能的意义性，从而产生主观效能感，发挥出主观能动性。三是动作技术的学习是一种程序性知识的学习，遵循产生式规则。所谓产生式，是由条件和动作组成的指令和规则。前后两项技能学习之间产生的重叠越多，越容易产生迁移。鉴于动作技术学习的以上特点，重视方法教学是极其必要的。方法教学的任务或目标：首先，应当教给学生大量的可供提取或选用的学习方法和技能；其次，应当训练学生知道如何确定学习目标；最后，应当帮助学生储存有关学习及学习方法或策略的信息。

第二节 高校体育教学方法及创新教育的探讨

对高校体育课堂教学创新性的探究是新时期体育学科的特征，是时代发展的必然趋势，是素质教育在高校体育教学中的具体体现。通过对高校体育课堂教学创新性的探究，不仅能培养学生的创新精神，更重要的是培养学生的自主学习能力和动手动脑的结合，所以，它应成为我们这一时期体育教育的使命和共识。

一、"创新教育"的含义

创新教育是挖掘人的创新潜能，弘扬人的主体精神，促进人的个性和谐发展的教育。它的本质就是遵循人的创造活动规律和创造素质的培养规律，以培养创新人才为宗旨。因为，创新教育是指以培养创造性人才为培养目标的教育，所以创新教育不是一种具体教学模式，而是一种意义深远的教学思想，创新教育思想是时代发展的产物，是知识经济时代对教育提出的必然要求。

二、新的体育教育思想指引体育教学方法的变革方向

体育教学方法的确立和发展源于教学思想，一定的教学方法，是一定的教学思想在教学活动中的具体反映。在教学过程中，以不同的教学思想作指导，教学方法所表现出来的效能和作用便会截然不同，贯彻不同的教学思想，会产生不同的教学效果。社会的发展也在影响着体育教学思想本身不断地变化与更新，这种变化与更新又直接影响着教学方法的不断改革与发展，推动了教学方法的整体向前发展。

三、当前体育教学方法改革面临新的问题

（一）传统教育思想的制约

传统的体育教学思想是改变受教育者的心理和生理现状，使受教育者能够达到预期教育目的。而在这种传统的体育教学观念下，往往只注重了教育者的作用，忽视了受教育者

的主观能动性，从而阻碍他们自主学习的能力。在推行创新和素质教育的今天，传统的教学方法已经不能适应现在的教学，不进行改革就阻碍了现今教育的发展。在传统的体育教育思想模式下禁锢了学生的创新能力，使学生在体育课上缺少主动性，制约了他们的发展。他们的个性与活力受到传统教学法的压制，许多学生是为了完成学分而去上课，从而缺少主动性，严重影响了学生创新能力的发展并降低了学生上课的兴趣，使学生得不到全面的均衡发展。

（二）体育教学模式缺乏创新

我国传统的体育教学模式已经不能适应学生身心健康发展的需要，由于现在教师教学处于中心的位置，是知识的传播和灌输者，在教育思想和行为主义的作用下直接影响着学生的健康发展，而学生是外部接受教育者，知识和思想的灌输对象。体育教学主要是以教师教学为中心，传授知识的方法和手段是教师的本领与技术。在教学过程中教师的讲解和说明是主要的教学方法，就使老师凌驾于学生之上，忽视了学生自主学习的能力，对学生的自主性视而不见。在授课的同时也会出现指责、呵斥学生等错误的做法，这对学生的人格是无情的摧残，对学生的创新意识也是无情的扼杀，就造成了对学生主体地位的忽略，直接影响到学生的创新能力，不利于学生综合素质的培养和身心健康的提高和发展。

四、高校体育教学方法创新探讨

（一）构建有效的教学模式

要进行高校体育教学方法的创新，需要有先进的理论思想作为指导，并且要有教学实践，这样才能少走弯路。要想改变现在高校教学方法创新理论，就必须重视现代科学方法和心理教学研究，了解现在大学生的具体情况，只有明白了原因才能在体育教学中有所创新。由于现在信息论、系统论、控制论等思想的出现，引发了现在体育教学领域从思想到实践的广泛变革。现在体育教学的研究日益受到重视，特别提倡素质文化教育，体育教学得到广泛的关注。高校创新教育是高等教育的一种全新的模式。目前，国内学界将"创新教育"界定为"以培养人的创新精神和创新能力与基本价值取向的教育实践"，是以培养创新型人才为主要目标的教育。高校的创新教育就是在中学阶段已进行的"创新方法和技术"训练的基础上，为培养创新人才搭建的一个平台，着重大学生创新精神和创造能力的培养。要构建高校体育教学方法创新的先进理论，就必须要对创新教育、创新方法有所了解。在经过多年的研究和发展,创新教育已经在教育管理制度、教育方法等方面形成了一系列有效的理论和措施。我们通过借鉴古今中外优秀的教学经验,并结合体育教学方法的实际情况,努力构建高校体育教学方法创新的先进理念。

(二)引进创新型体育教师

体育教学方法的创新是高校体育教学创新的关键,这就需要培养和造就一批高素质创新型体育教师。培养创新型体育教师的途径也是多种多样,通过在校的教育培养,也通过专业的渠道对体育教师进行专业的培养训练。同时要加强体育教师师范教育专业的学习,充分发挥教育培养创新型教师渠道作用,要求高校要立足现实着眼于长远,进一步优化体育教学机制,改善体育专业和学科教学的设置。

创新教育的开展离不开实践,一切创新型人才的出现也离不开实践,只有通过实践才能找到根源,才能真正地创新,从不足中找到原因对症下药。我们常说理论创新、体质创新、科技创新等都是适应实践的需要。体育教学方法的创新也不例外,通过实践体育教师才能做到理论联系实际,结合实际的情况在教学中探索创新,提高自身的创新意识。同时带动身边的老师和学生,把理论知识应用于实践,在实践中创新并不断探索不断进步,把创新立足于实践之上。现在国际交流频繁,在交流中学习先进的体育教育理念、体育教学模式是加强创新型教学理念的关键,也对培养创新型教师有十分重要的作用。体育教学在教学上有两个观念:"教"和"学",树立学生是体育教学的主体,"教"要求体育教师要有较高的专业文化知识水平,对专业课程能够详细地为学生解答,讲清楚其知识框架。同时重视对学生独立自主学习能力和创新精神的培养。在高等院校中树立高等体育教育与终身体育教育的教学观念,充分认识现代体育教育的思想观念,把体育教学不断创新和深入。

新的体育教学理念和体育教学思想创新不断地涌现,这就要求我们要站在时代的前沿,走在发展的前头,去探索和改革新的体育教学模式和新的思路,成为高校体育教学的先锋,推动我国高等教育院校体育教学新风尚,打破传统的教育模式,在探索中进步发展。争创先进优秀的高等院校,带领新一代的体育改革与体育风尚。

第五章　高校体育教学方法的应用研究

第一节　高校体育教学中分层次教学法的应用

在我国高校体育课程教学中，相关人员不断探究和尝试运用多种创新型的教学方法和模式，来达到提高体育教学效率的目的，然而目前我国对于教学方法的研究还不是十分深入，在应用的过程中存在着操作过于简单和理论性不强等一系列问题，对体育学科的教学难以产生积极作用。近几年，高校体育教学工作者不断尝试多种新型教学方法，在这些方法中分层教学法拥有着独特的优势，得到了广泛应用。由于学生在身体素质、兴趣爱好以及个性特点等方面都存在着较大差异，所以必须针对每位学生的特点，积极采取分层教学的方法来提升体育教学效率。

一、分层教学方法的概述

（一）分层教学法的内涵

分层教学法是一种新流入我国的创新型教学方法，其应用过程首先是分析学生不同的接受能力、潜力以及知识水平等因素，据此将学生分成不同的小组。虽然每个小组整体的水平不一样，但是在同一个小组内，学生的水平比较接近，学生相互帮助，得到共同进步。将分层教学的方法应用到高校体育教学之中，是根据每位学生的运动水平和身体素质等因素，将学生分成不同的小组，每个教学小组的教学目标不尽相同，能够真正达到因材施教的目标。不仅如此，通过分组学习还可有效地增强学生的团队合作意识和责任感。最后，由体育教师采取不同的方法对不同组的学生进行评价，以便对其进行更好的体育教学。

（二）分层教学法的本质

众所周知，分层教学方法的引入能够有效弥补传统教学对于学生个体独特性不重视的缺点，因此，将分层教学模式应用到高校日常体育教学中显得十分重要。人们在日常的体育学习过程中，由于每个人的先天性差异以及受后天环境影响，难免会造成不同学生的体育素质存在明显的差别。然而分层教学模式主要就是结合学生的个体差异性所实施的一种新的教学模式，它针对学生的个体差异性，来编制科学有效的教学计划，从而达到深入挖掘学生体育潜能的目的。

二、在高校体育教学中应用分层次教学法的重要性

（一）将分层次教学方法应用到高校体育教学中，更好地因材施教

每个学生由于成长、学习环境的不同，导致了每个人的品性、习惯也各不相同，个体差异很大。这些不同的差异是影响学生在体育课上不同表现的主要因素。分层次教学法关注的不只是学生的成绩，它在尊重学生差异性的基础上，充分发挥自主性，同时促进因材施教的有效实施。

（二）分层次教学方法的应用可以提高教学质量与效率

将分层次教学方法应用到高校体育教学活动中，体育老师根据学生的不同层次、不同水平制定不同的教学计划和教学目标，组织不同的教学内容。可以保证每个学生都能通过自己的努力来获得相应的进步。这样可以使学生们不断在实践中丰富自己的经验，激发对体育学习的积极性。除此之外，每个学生在学习中都会遇到不同的问题，体育老师采用分层次教学法，能很好地了解每个学生出现的不同问题，进而有针对性地解决。不但缩短了时间，而且还提高了问题的处理效率，让学生们将更多的时间运用到其他学科的学习中去。

（三）分层次教学方法的应用可以提高体育任课教师的专业水平

分层次教学方法和传统的教学方法相比较，对体育任课教师的要求比以往要高出很多。在开展高校体育教学活动中运用分层次教学法的时候，体育老师必须要对学生的实际情况全面了解并详细掌握，然后对学生进行分层，对不同层次学生的教育管理要制定不同

的教育方案和教学内容,这样才可以有效地完成教学任务,实现教学目标。与此同时,体育老师还必须要积极研究在体育教学过程中可能出现的所有问题,并制定好解决的措施。经过这样不断地实践,可以有效提高体育教师的个人能力以及教学经验,对提升专业能力来说有着很大的积极作用。要想保证教学工作的顺利进行,学校必须要提高对任课教师的相关要求,加强对教师的培训力度,提高体育教师的综合能力,打造一支高素质的教师队伍,为高校体育教学工作的顺利进行提供有力保障。

三、分层教学法的具体实施策略

(一)在充分考虑当前大学生实际情况的基础上进行分层教学前的设计

在对学生实施分层教学之前,必须要对分层进行科学合理的设计。实施分层教学要充分考虑到所有学生的实际情况及课堂中从事的运动项目特点,然后有针对性地在课堂教学中实施分层教学。只有这样才能有效地调动学生的学习积极性,才能真正达到培养学生终身体育意识的目的。具体到分层教学设计实践中,必须要同过去传统的个别教学或者分组教学区别开,而主要是要将技术水平接近的一批学生安排在同一层次小组。在分层设计之前最好是能对所有学生进行一个有关身体素质、学习态度及专项素质等几个方面的测试。其中的身体素质测试可以主要测试学生的速度素质或力量素质,比如可测试学生的50米跑等。对于专项素质的测试可以通过某些特定项目来测试,或者通过查阅学生的电子档案来了解他们在大学之前是否已经掌握了一些体育专项技术。对于大学生学习态度的测试主要是在体育课上完成,主要的测试途径就是通过仔细观察,通过耐心谈话来完成。体育教师根据多方的测试之后,就可以根据测试的结果按照一定的标准将所有的学生进行分层。通常可以将学生分为三个层次:一般说可将身体素质较差,很少去主动进行体育锻炼,但是对体育学习的态度是非常认真的,对体育课有一定兴趣的学生定位为第一个层次;其次就是将身体素质比较好,非常喜欢上体育课,但并没有能掌握一项专项运动技术的一类学生定位为第二层;再就是将身体素质比较好,对体育课有着非常浓厚的兴趣,能掌握一项或者多项特长,并且还能密切配合体育教师课堂教学的一类学生定位为第三层。这样在教学前就对学生进行分层,可以有效避免伤害学生自尊心和自信心的情况,还可有效避免重复教学。

(二)科学制定层次化的高校体育教学目标

高校体育教学的目标不是要将学生锻造成体能过人的超人,而是要将在校大学生培养成有着健康体育意识的人才，帮助学生不但能慢慢积累体育知识，而且还能时刻注意自身体能素质的提高。从这个教育目标出发，在对学生完成分层后，就必须要根据不同层次学生的知识结构和学习特点来合理制定层次化的教学目标。当然，这个目标并不是说对不同层次的学生，其体育教育的标准不同了，而是在共同的体育教学目标下要体现出不同层次学生教育目标的差异性。这样有差异的教学目标可以帮助不同层次的学生都能实现学习目标，体会到成功的乐趣。

(三)分层设计高校体育教学内容

根据不同的标准和要求对全体大学生进行分层教学之后，要承认各个层次学生的起点是不同的，所以在安排教学内容的时候就要有所区别，需要在确保全体学生整体体育技能提高的前提下体现出一定的差异性。具体说，对于第三层的学生可以不必严格按照教材的要求进行授课，可以采用比赛或竞赛的形式授课来帮助他们不断提高自身的技能水平。对于第一层，甚至第二层学生的教学内容安排就最好是以教材大纲为准，不要刻意去不切实际地拔高。这样一来，一方面照顾到了体能素质差的一类学生对基础知识的掌握，另外一方面也照顾到了体能素质较好的一类学生体育技能的进一步提高和体育潜力的进一步开发。

(四)尊重大学生之间存在的差异

根据分层结果选用不同的教学方法，从而发挥每一个学生的主体作用。不同学生之间存在差异是客观存在的，所以教师必须承认这一点。对于不同层次学生的教学必须要选择适合本层次学生实际情况的教学方法，这样可以很好地培养学生的自信心，培养学生的创造精神，培养学生健康的竞争意识及师生之间的交往能力。但是，不管采用何种教学方法都必须充分发挥每个大学生在课堂教学中的主体作用，让学生都能参与到实际的课堂教学中来，体验到成功的快乐。这样就可以最终充分发挥出学生学习的积极性、创造性及主动性。

(五)开展分层考核评价，培养大学生对体育学习的热情

在对不同层次的学生安排了不同的教学内容，设计了不同的教学目标，实施了不同的教学方法之后，就面临着如何对学生的学习成绩进行考核评价的问题。对于大学生体育成绩的考核评价必须也要采用相应的分层考核评价模式，对于不同层次的学生准备不同的考核内容、制定不同的考核标准及考核要求。比如对层级低的学生重点考核基础知识的掌握

情况，而对层级高的学生就必须要提高考核标准，重点考核其技能的掌握情况及创新性。这样的评价考核才可以照顾到每个层次学生的学习实际，学生也不会因为考核不达标而受到打击，从而可以很好地培养大学生对体育学习的热情。

第二节 高校体育教学中体验式教学法的应用

在高校，体育作为教学重要部分，随着教学改革深入开展，体验式教学模式作为重要的教学方法，随着其被引入体育教学课堂，大大提高了教学效果，为此，基于有效的工作实践，深入讨论体验式教学模式，在明确其含义和意义后，重点阐述了体验式教学模式的应用对策，具体分析如下。

一、体验式学习的含义

(一)体验式学习的含义

所谓体验式学习就是让学生亲身参与到其中，感受体育运动带来的乐趣，在体验过程中学生能够通过对周围事物的观察、了解，真正地融入其中。教师在体验式学习中起着引导的作用，通过各种方式引导学生做好课前体验学习，从而激发学生参与体育运动的热情。

(二)体验式学习特点

体验式学习主要有三个方面的特点：

1. 体验式学习强调学生学习的自主能动性，教师在体验式教学中起着引导性作用，通过这种方式能够让学生从内心感受体育运动的乐趣，自愿参与到学习体育学习当中；

2. 体验式学习具有娱乐性特点，将学习和娱乐融为一体，将兴趣作为引导学生参与体育运动的基础，在教学过程中，教师会根据体育教学特点，通过有效的教学模式来激发学生的学习兴趣，用兴趣引导学生参与体育学习；

3. 体验式学习更注重学生的心理活动，通过教学活动引导学生做好心理准备，在教学过程中也会关注学生心理变化，这种方式有利于培养学生积极乐观的心态。

二、高校体育教学中体验式教学应用的意义

(一)体验式教学激发学生进行体育锻炼的兴趣

培养兴趣是提升学习效果最好的途径,在传统的体育教育模式中,学生都是按照学校安排的课程去完成学习项目,学生按照学校的要求去上固定的体育课程,在大学中虽然可以根据自己的意愿去选择体育课程,但是有很多体育项目都是学生在步入大学之前就已经学习过的课程,导致学习兴趣降低,体验式教学更多的是让学生真正地参与到体育知识的学习中,去亲身参加一些户外运动,例如:开展攀岩、野外生存训练等户外活动项目。户外体育活动项目在我国高校中还没有得到普及,学生群体中参加过体验式活动的数量有限,因此,学生会觉得体验式教学比较新奇,容易引发学习兴趣。长期以来学生一直在固定的室内和体育场学习体育项目,相比之下,会更喜欢尝试户外体验式学习方式,更愿意去追寻户外体验式体育教育带来的刺激和真实的体验感受,将体验式教学模式引入高校体育教育中,能在很大限度上增加学习兴趣,并帮助学生获得良好的学习效果。

(二)体验式教学扩展了高校体育的教学模式

当前我国大多数高校开展的体育运动项目基本上以球类和田径类教育为主,其授课方式也是固定的,教师对学生讲解相关体育安全知识和运动基本规则,在学生进行体育锻炼时发现问题,教师针对发现的问题进行讲解并给予学生指导,学生按照教师设定的考试要求学习固定的体育内容,期末完成相关的体育考试。一成不变的体育教学模式不利于体育教育的发展,体验式教学模式作为一种新兴的教学模式,对我国高校的体育教育发展有着巨大的影响力。体验式教学模式还需要经过体育教师和学生的实践和完善,在探索的过程中能够在很大限度上提升体育教育的教学效率,促进体育教学整体水平提升。体验式教学在提升教学水平的同时也拓宽了体育教学的思路,教师在组织学生参加亲身实践的过程中完成整个教学,在实践中完善了教学方法,从教学的形式上来讲,体验式教学模式丰富了体育教育的教学方式,拓宽了体育教育的发展道路。

(三)体验式教学有利于培养学生精神品格和心理健康成长

体验式教学模式扩大了学习的范围,使学习的过程不再局限于课堂中,将学习的过程深入学生实践的整个过程中,扩大了教育的领域。体验式教学模式强调学生的主体参与

性，强调学生在教学中的主导地位，让学生在体验中获得感受，在实践中对知识进行探索，以此加强对学生的探索精神和批判总结精神的培养，学生直接参与的学习探索所带来的感受是传统的灌输式教学模式无法比拟的，学生对于通过亲身实践所学习到的知识记忆更加深刻。体验式教学模式为学生营造出一个愉快轻松的学习氛围，调动学习积极性，使学生自主积极地参与到学习的整个过程中来。体验式教学模式冲破传统的教学模式的束缚，在不违背教学原则下使学生的自主性得到最大限度的发挥，让学生完成学习目标的同时也为丰富课外活动创造了很多的机会，在丰富的课外活动中进行交流，使自我价值得到最大的体现并且促进学生正确世界观得以完善，体验式教学模式的教学过程中，学生会遇到各种各样的困难，当面临困难时学生的毅力和克服困难的精神得到锻炼，有利于帮助学生形成良好的品格。体验式教学为学生与外界接触和促进同学之间相互交流创造了很多的条件，在与外界接触和同学之间相互交流的过程中，能够帮助学生认识世界从而促进身心健康发展。

三、体验式学习在高校体育教学中的具体运用

（一）科学制定学习目标，注重培养学生的独立意识

体验式培训教学并非绝对的"放飞自我"，而是让学生在户外活动中感受体育精神和掌握体育技能。这就要求教师除要拥有过硬的知识储备外，还应掌握策划活动并将需要教授的知识巧妙地融入其中的能力，让学生在活动中思考、提问、参与、学习和成长。要做到这一点，就要求教师能明确自己每一阶段、每一个课程的教学目标，并做出合理的规划安排。例如，当讲授到野外生存相关课程时，教师可以先让学生在课堂上发言，阐释他们能想到的注意事项，将他们的想法整理分类，并做好准备去野外进行尝试。在这一过程中，教师起到的就是引导者的作用，发挥学生的自主意识。在实际的野外生存过程中，学生的准备如果有纰漏，教师可以补救，并在休息的时候适时地总结和相关知识的详解以加深其印象；如果学生是通过自己的准备顺利完成了任务，在最后总结时就应表示赞赏并着重表扬表现突出的学生。体验式培训理念的最终目标是培养学生解决问题的能力，这也是它和传统教育的重要区别。因此在教师传授课程前，不妨先向同学提出课程相关的问题，并由学生自行查阅研究解决，这一过程中教师的作用被隐藏起来，学生的自主学习能力被有效地释放和培养起来；在实际教学中，教师则需要对学生依旧无法理解的知识进行简单阐释，并让其在接下来的体验活动中进行实践应用，解决活动中遇到的问题，这样既能加深

学生对知识的认识，又能大大提高学生学以致用的能力，从而帮助学生真正掌握知识。

(二)开展体验式体育教学，让学生在体验中提高技能

在体育教学活动中，体验式学习包括精神层面的和身体层面的，想要提高学生对体育运动的兴趣，就需要在理论学习中运用体验式学习情景模式。通过情景模式开展体育教学活动。情景学习主要是在教学过程中创设学习情景模式。例如，可以利用多媒体开展情境教学，教师在体育教学前播放一些相关的体育视频，如篮球技能教学中，教师可播放美国职业篮球联赛的比赛视频，让学生观察明星球员在比赛中使用的技能，然后让学生切身感受，教师再对动作进行指导，让学生能够有所感、有所悟、有所获，这样才能提高学生心灵上的感触，增强心灵体验。想要将体验式学习贯彻到体育运动当中，就需要开展多样化的体育项目，让学生在体验中提高技能、感受乐趣。传统体育运动比较单一，就是教会学生基本的动作、要领，让学生按部就班，这样学生就会将体育运动看作是自己的任务，而不能当作一种兴趣爱好去参与。因此，在体验式教学活动中，教师要注意体育项目的多元化，不断创新体育项目，例如在传统体育运动中，乒乓球运动大多都讲究技术，教师多通过竞赛来提高学生技能，这样学生压力就会比较大，这时候教师就可以设置新型乒乓球运动，让学生十人一组开展乒乓球接力赛，十个人排成一队，然后从第一个人开始向后传球，每个人的乒乓球需要通过乒乓球拍弹够十下，方能传递到下一个人，看哪一个小队最先完成任务。这个过程不仅能够锻炼学生的平衡能力、运球能力，还能锻炼团队协作能力，能够提高学生们的参与积极性，让学生在体验中感受运动带来的乐趣。

(三)创造体育情景，引导学生对学习进行反思

体验式教学作为一种新型的教学模式其主要特点是注重学生的参与性与师生之间的互动性，高校采用体验式教学模式进行体育教学时，要摒弃传统的教学观念，不可以再继续使用传统的教学场景和教学方法，这就要求体育教师使用多元化的教学方式，调动学生的学习积极性，使学生对体验式教学模式有一个全新的认识。在体育教学过程中，让学生加入体验是一个非常重要的教学方法，通过具体的情景设定，让学生参与到体育教学的特定情景中获得一种身临其境的真实体验，从而调动学生的学习积极性以增加其参与度，从而使体验式教学发挥其最大教育价值。体验式教学强调学生在教学中的主体性和参与体育活动的积极性，教师只是作为引导学生参加体育活动的向导，教师的重点任务在于引导学生参与到体育活动中，调动学生的积极性。无论什么形式的教学方式，最终目的都是帮助学生理解和掌握知识。体验式教学模式是通过教师的讲解让学生对知识有了进一步的认识

后，再深入到实践中，在实践中获得思考，在实践中对学习的意义进行反思，通过反思加深知识的记忆，提高学习效果。体验式教学模式实际上是让学生对已经亲身体验过的事物产生连续的思考，在思考的过程中将各个问题联系到一起，最后运用思维对所有感受过的事物再进行反思，在特定的情景中，将所有的事物记忆。在学生进行反思的过程中，是离不开教师引导的，由于学生的知识储备和经验有限，所以教师应该在合适的时机给予适当的引导，从而激发学生的思维。

(四)优化体育教育资源，创造良好体育体验式教学条件

1. 体育教育资源是体育课教学开展的基础保证

合理的课程安排、优良的教学场地，充足的体育器械，专业的体育教育工作者是体育体验式教学开展的基础条件。

(1)要有足够的体育课时，合理安排班级课程表，保证学生锻炼的时间以及上课班级数量，不要出现同一时段上课班级过多的情况，影响教学效果。

(2)要有良好安全的教学场地以及充足的教学器材，这样才能吸引学生主动参与，才能保证学生的练习量和熟练程度；

(3)专业的体育教师，只有熟练掌握各项体育技能及教学方法、懂得安全保护的专业体育工作者才能吸引学生主动参与，帮助学生形成良好的体育态度，养成良好的体育习惯，为学生的终身体育奠定良好的基础。应该转变体育教育工作者的地位。

2. 在教育的范畴内，体育并没有被视作教育的资源和手段，最多只是在充当为教育工作锦上添花的道具，而在体育的话语体系中，学校体育的价值一直没有被正确估量。体育的育人功能被忽视，体育教育在学校教育中一直处于边缘化地位，体育教育工作者的待遇也相对较低。学校体育教育的发展应定位为"以体育人"，将体育与教育统一，充分认识体育的教育功能，将体育教育纳入学校教育体系的重点工作中，提高体育教育工作者的地位，合理安排体育教育工作者的工作任务，公平分配体育教师待遇及各项评优评先名额，其职称评定考核也能被公平对待。从而促使体育教育工作者积极投入到体育教学工作中，提高工作热情，认真努力做好体育教学工作，将体育教育的意义价值负责任地传达到我们的学生中去，为学生的体育态度，终身体育意识奠定基础，为我们民族的未来奠定希望。

总之，体验式教学以生为本，重在通过调动学生积极性，不断提高学生学习能力，从体验式教学方法在体育教学课堂应用效果分析，体验式教学方法非常适用于高校体育教学，为此，相关教师在有效的分析与实践过程中，应该进行有效尝试，以不断提高高校体育教学质量。

第三节　高校体育教学中互动式教学法的应用

互动式教学法是指在高校体育教学的过程中,教师按照学生的体育兴趣、体育基础能力水平、学生的潜能等,有目的地与学生按照某一个或者综合的因素进行互动,通过互动,教师在不同的学生之间,能够更好地将教学内容和教学方法得以实施,每个学生在与教师、同学互动的过程和条件下,实现体育学习效果最大限度上的提升和掌握。互动教学是加强师生间交流的平台,运用这一方法能够有效地提升学生的学习效率,避免教师教学脱离学生这一现象的发生。传统的体育教学观念对许多体育教师的束缚较严重。在以前的体育课堂教学中,不管是在课程内容选择、课堂反馈、课外活动和教学评价等方面,还是在备课、授课方面,教师都很少从学生的体能、兴趣差异及学生个性方面进行考虑,导致教师的工作重心总是放在课堂教学方法的改进上,就导致了教学内容和教学方法不能满足学生的体育需求,因此,体育教师要加强互动教学法的研究,为更好地实现大学生综合素质的提升,创造良好的条件。

一、互动式教学的内涵

互动式教学是通过营造多边互动的教学环境,在教学双方有效的平等交流与探讨的过程中,实现彼此间不同观点的有机碰撞与相互交融,进而激发教学双方的主动性和探索性,达到提高教学效果的目的。同时,互动式教学有利于构建新型的师生关系,在教学过程中注重对学生主体地位的凸显,是一种充分体现"以人为本"的、具有创新理念的教学方法。互动式教学是当代教育民主化在教学方法改革方面的重要体现,在此教学情境中,师与生双方以各自不同的身份,遵循一定的规则与规范,这些规则与规范是师生双方共同接受、共同认可的。在这些规则与规范的影响与导向下,师生双方在教学过程中进行着彼此相关、相互作用的物质与精神的交换和传导的活动。在这种过程中传导的包括物质与非物质的、言语与非言语的、理解与解释、领悟与说明等环节和方面。具体而言,就是师生双方在教学活动过程中共同构建起的教与学的情境。教与学是教学体系的基本构成因素,其相互间的关系问题是教学的本质问题,同时也是教学领域中起主导作用的理论问题。正确处理好两者之间的关系,是推进教学发展进程、提高教学效果的重要保障。互动式教学将教学的本质定位为交往,而交往的实施要建立在师生之间相互尊重、平等和谐的基础上。

二、互动式体育教学的基本特征

(一)互动过程遵循秩序化原则

在教学过程中互动的实质是师生之间、生生之间在情感、行为、思想以及个性特征等诸多方面的碰撞、融合、互补、创新、发展的过程,是建立在民主平等基础上的交流、合作、竞争以及对成功的共同体验与共享。因此,这种互动要遵循循序渐进的发展规律,并在此规律的规范与引导下,有节奏、分层次地进行。

(二)互动空间具有开放性

体育教学自身具有开放性的特征,而互动式教学是一种开放式的教学方法,有效地打破了传统教学模式的束缚,从教学理念、教学方法、教学的组织形式以及教学内容的选择等方面,向着自主、开放的方向发展,整个教学过程呈现出动态的开放。

1. 表现为学生根据自身发展的需求进行自主地择师、自由选择项目;
2. 在教学过程中,学生自主组建学习小组,以利于彼此间的交流以及研讨;
3. 在教学过程中,教师处于引导与辅助的地位,更加有利于对学生学习动态的掌握,便于及时地给予修正与调控;
4. 在教学过程中,鼓励与支持学生个性的张扬与发展,为学生的成长提供更为广阔的发展空间。

(三)灵活多变的教学组织形式

互动式教学最为基本的教学形式是组建学习小组,进行有目的性的研究与探讨。在此过程中,教师根据教学内容的需求,创设各种教学情境,进行形式多样的情景模拟、体验交流以及认知讨论等活动,从而促进学生更为深入、透彻地理解和掌握教学内容。另外,互动式教学还可以采取组间竞技、个性化意见的交流、团队合作等教学形式,来培养与提高学生的表述能力、沟通能力、交流能力和团体合作能力等,进而强化学生对体育教学内涵的感悟,以及对自身发展的追求。

三、高校体育教学互动式教学法的意义

（一）互动式教学法有利于教师更好地了解学生

在高校体育教学实施的过程中，通过互动式教学更符合学生身心发展过程中存在的个别差异，能够让体育教师充分尊重、了解学生的体育兴趣和现有体育基础水平的差异。互动教学方法是通过教师对学生的体育兴趣、体育需求进行调查和访谈，遵循健康第一的指导思想实施体育教学发展学生，根据不同学生的特点寻找体育教学与学生发展的契合点，从而以主动、和谐的师生关系保障体育教学目标的实现，促进学生综合能力的发展。

（二）互动式教学法能够更好地实现全体学生的发展

互动式教学作为提升体育教学效率的途径，对学生的综合素质发展有着重要的现实意义。在高校体育教学过程中，教师根据民主、和谐体育课堂构建的原则，从学生的实际状况出发对学生进行横向和纵向的了解，并且在面向多数的前提下同时考虑到少数，并处理好个别教学与集体教学的关系，对不同的学生提出不同的要求，以实现全体学生身心素质的发展，为高校体育教学目标和高等教育培养目标的达成，构建良好的课堂教学和师生交流的空间。

（三）互动式教学法的使用更好地体现素质教育理念

在高等教育体育教学实施过程中，体育教师在进行教学目标确定的时候，首先要构建良好的师生关系，而良好的师生关系的确立需要加强互动，也就是从适应学生"学"的角度教，就能将学生的主体作用充分调动发挥出来，使他们得到激励、主动学习，达到教学成功的目的。高校体育教学中的互动教学是素质教育理念在体育教学中的实施，高校体育教学的互动内容包括：教师与学生这一主导和主体的互动，学生与学生的互动、师生与教学内容的互动、师生与教学环境设施的互动等。从系统观点出发，构建良好的互动教学，是实现素质教育理念的基础。

四、高校体育教学中互动式教学法的应用策略

（一）做好学生体育需求等内容的调研

在高校体育教学工作开展之前，体育教师首先要对全班学生的体育兴趣等情况进行调查摸底，一般是通过体育课堂表现、信息反馈以及结合访谈等方法，对学生的体育差异做好调查和了解。还要详细了解学生的家庭环境、心理、智能以及在校表现等情况。然后将每个学生的数据资料都分别进行分类归档和综合分析。根据分析的结果将学生划分成中下、中上两个层次的学习小组，同时让大家对每个学生在某一阶段所处的层次做到心中有数。在互动教学的过程中由于学生的个性差异比较大，教师必须发挥主导的作用，通过了解他们的能力、知识基础及心理特征有针对性地开展教学。教师的教学安排要根据学生的信息反馈，对不同的对象加以区别，并及时地灵活地调控，从而使所有的学生都能得到帮助，并且都能在原有的基础上取得发展和进步。互动教学的基础是了解学生的各种需求，为其实施提供条件。

（二）以教学目标的设置为依据开展互动教学

随着体育教学改革的实施，在高校体育教学中需要以学生发展为理念，进行不同教学目标的设置。在素质教育理念和体育健康课程实施标准的双重引领下，对体育教材的知识结构以及学生的体育能力进行分析，然后制定出科学的体育教学目标。教学目标的设定不能实行"一刀切"，对于体育基础和身体素质中下层次的学生一定要采用由浅入深、先慢后快、密台阶、低起点、循序渐进的方法，而且要在体育学习内容的训练总目标基础上设定。根据他们实际情况的不同，可以分一步或多步实现考纲的要求；对于中上的学生则可以允许他们超进度的学习，互动教学是体育教学目标设置的体现和促成。

（三）尊重学生的学习需求和体育能力

学生作为能动的个体，教学目标的划分，除了老师的指导外，还要让学生对自己的水平自主分析，自己选择层次，充分尊重学生的意愿，并且还要注意保护学困生的自尊，同时防止优等生出现自大心理。层次划分后并不是固定不变的，明显进步后层次可以向上提升，若出现后退的学生则先进行鼓励提醒，实在跟不上就要降低层次。通过创设这些问题情境，让学生独立地对还不了解的方法、定理、规律等进行不断探索和发现，绝不是将教

师现成的知识技能"填鸭式"地机械地传授给学生。问题情境的设定一定要能将学生追求成功的欲望激发出来，而且引导他们独立、主动地进行思考。体育教师在上体育课之前，要从教学方法、教学内容、教学步骤、教学要求、教学时间以及教学实验等方面进行备课，且一定要结合各层次学生的实际情况。在课堂教学中必须改变授课的形式，在同一节课中不仅要有面向全体同学的"整合"环节，也必须有针对学困生和优等生的"分层"环节，"整合"但不能死板，"分层"而不要分散。正常教学程序的预习、巩固、质疑、新授、辅导、小结必须要自然地融进，而且对于各层次之间的教学矛盾也要妥善地解决，对于学生的学习要求要做到因材施教。

(四)强调体育教学方法的创新

对于学生的练习必须分课外、课内两种类型。对于课内练习需要教师设置不同的练习和掌握目标，全班学生分成不同水平的练习小组，教师做巡回指导和帮助。对于在练习过程中出现的超于练习要求和跟不上练习要求的情况，教师要做好机动的调整，避免因为练习的枯燥而影响了学生的体育学习兴趣。在教学评价运用的过程中，教师要将每个小组学生练习的整体状况和个人练习的状况相互结合在一起评价。要多使用鼓励性和表扬性的语言对学生的体育学习做评价。通过分组练习促进学生自信心的提升，实现学生兴趣和能力的双重提升。

(五)优化体育教学环境

在高校体育教学实施的过程中，体育教学环境是实现体育教学目标、促进学生身心发展的基础条件。体育教学环境包括体育教学的自然环境、体育教学的社会环境、体育教学的物质环境等，加强体育教学环境的优化，即通过提高体育教学自然环境的绿色化，制定有利于体育教学的制度，创建安全、丰富的场地设施等。良好的体育教学环境能够激发学生的体育兴趣，促进大学生身心发展的有效度。

通过上述研究，大学生作为高校体育教学实施的主体，在互动教学法的实施过程中，需要体育教师从学生的体育兴趣等实际出发，面向学生的差异，以整体教学目标的达成为原则，在构建良好教学环境的前提下，不断培养学生学习的兴趣及自觉进取的愿望。互动教学的实施是高校体育课堂民主师生关系、和谐交往的过程。学校和体育教师要从学生发展、环境优化、民主实施、科学评价的角度出发，提升学校体育教学的互动限度，提高高校人才培养的质量。

第四节 高校体育教学方法创新策略研究

体育运动是增强人体质的重要途径，在我国教育学习强度较高的状况下，学生的体质相对较差，很多学生由于学习压力大，学习时间紧，几乎没有时间参加体育锻炼，这样的方式导致处于学习阶段的学生身体状况不佳，同时没有坚强的意志，这对我国社会文明建设起到了阻碍作用。在常规体育教学下，学生参与度较低，究其缘由主要是由于教学方法不当。在这样的背景下，我国教育领域提出了体育课程改革的决策。

一、体育课程改革背景下创新高校体育教学的意义

在体育课程改革后，传统的体育教学应适当做出改变。这是由于体育改革中淡化了竞技运动陈旧的教学模式，树立了健康第一的教学指导思想，重视体育课程教学的功能开发，进而增强体育课程的综合性。在新型的体育课程当中能激发学生的运动兴趣，辅助学生树立终身体育的观念。不同的体育课程和锻炼项目能培养学生坚强的意志，通过这样的方式能提高学生的社会适应与交往能力。这是由于团队竞争形式的运动项目能提升学生团结协作的意识，同时在竞争的环境下能提升学生的忧患意识。体育课程改革后，教学开展中注重以人为本，同时关注个体差异与不同需求，确保每一个学生在此过程中收到正能量信息，这对学生的成长与发展都具有重要意义。此外，改革的标准注重体育课程资源的开发，这对丰富体育课程形式起到了积极作用，对体育教育的创新有益无害。

二、目前高校体育教学中存在的问题

（一）教育方法较单一

当前，由于受到传统的教育观念和思想的影响及制约，很多高校的体育教师在开展教学活动的过程中，往往存在着教学方法较单一的问题。在教学活动的过程中，依然以把体育技术传授给学生为主要教育目的，在教学方法上依然表现为讲解、示范、练习等传统的方式。我们必须清楚地认识到，面对新的形势，高校体育教育的目标和形式已经发生了改变，传统的教学方法和教学形式已经不再适应新形势下的高校体育教学的要求。因此，广

大高校体育教师的思想观念就得到了进一步的转变，要在继承发扬传统体育教育模式长处的前提下，不断创新高校体育教学的方式，更好地为高校体育教学的开展、学生身心的全面健康而服务。

(二) 实际效果不太明显

如今高校体育课的教学纲要，其实主要来自对原有体育课的深化与改革，所以创新必然是高校体育课程的重点内容和任务。我们了解到，由于传统的体育教学把规范化技能教学作为唯一的任务，所以很多教师都会选择学生可以在短时间内就能掌握的技能来开展教学。还有的教师在教学中过于追求技能的传授，对学生准确地完成体育动作和掌握体育技能过于重视，而忽视了学生观察、创新和自学的能力，这就使高校体育教学的目标发生了偏差，使得学生的学习效果不够理想。

此外，有很多体育教师在开展体育教学的过程中，立足于创新的基础之上，采取了很多非常有效的教学方式和手段，对高校体育教学方法的改革产生了重要的推动作用。但是同时也有很多的高校体育教师过分强调课程的形式，在教学的过程中却没有注重课程的实际效果，导致教学的实际效果并不明显，甚至有的教师为了彰显全新的教学理念，而在课堂中运用了一些高科技的体育教学，虽然能让学生们觉得耳目一新，但是由于操作不便，实际效果也大打折扣。

(三) 学生自我学习意识不强

由于传统意识的原因，很多高校体育教师在教学过程中习惯以教为主的教学模式。这种教学模式虽然在某些环节上有一定的效果，然而在培养学生主动学习、积极创新等方面存在着很大的不足。直到今天，老旧的教学模式依然随处可见，在这样的教学方法下，教师只会倾向于"大锅饭"式的教学，对学生的个体差异不够重视。然而事实证明，学生的个性特征既是他们心理健康发展的需要，也是现代社会中人才素质的基本要求。所以高校体育教师应该针对不同学生的实际情况，给予支持和鼓励。

三、影响创新的原因

(一) 教师素质的原因

高校体育教师在教学素质上的高低，是影响体育教学创新的重要因素。学生固然是高校体育教学活动中创新的主体，但是作为调动学生积极性和帮助指导学生发挥自己能力的引领者，教师的作用依然是不可忽视的。教师能力的高低，直接对学生的创造能力是否能得到充分发挥造成了影响，所以高校体育教师必须善于指导和帮助学生学习，善于掌握学生的学习与心理情况，不断诱导学生自身潜在的想象力和创造力，最终实现对体育教学方法的创新。当前，我国大部分高校在体育教学方面方法比较单一，体育教师的教学素质和教学理论不足，致使很多学生对体育教学活动的兴趣不高，创造想象力逐渐下降。针对这种情况，教师要给学生留出广阔的学习和参与体育活动的空间，使学生根据自己的爱好选择参与体育活动，这样才有利于发挥和培养学生在体育教学活动方面的想象力和创造力。

(二) 学生自身的原因

影响高校体育在教学方法上有所创新最主要的因素，是学生自身的原因。学生对体育活动参与的积极度、对某些体育活动的水平和兴趣、对体育活动是否有想象力等，都直接影响着高校体育教学活动的实际效果。就算学生拥有再好的天赋，如果不去积极地参与体育活动，那么其天赋也不会在高校体育教学中得到发展。

其中学生对体育活动的兴趣是关键的一点，作为最好的老师，兴趣不仅是学生参加体育活动的动机，也是学生能够积极学习并进行创新的重要前提。

如果学生对体育活动的兴趣得到了激发，那么就会全神贯注地进行学习和锻炼，其意志力就能够得到提高。如果在高校体育教学活动中学生善于思考，其能力就会在某些具体情况下表现出来，就会不断地出现新的形象和思维。

四、体育课程改革背景下创新高校体育教学方法途径探析

(一) 丰富体育教学开展形式

在体育教育教学改革背景下应注重对体育教学形式的创新，这样才能激发出学生参与体育教学课程的积极性。例如，在热身环节，教师可以将音乐融入其中，通过音乐节奏的刺激，赶走由于热身给学生带来的疲劳感，同时在伸展运动环节中，教师可以播放一些舒缓类的音乐，让学生在美好音乐的渲染下放松身心，从生理上和心理上减轻热身带来的疲劳感，这样更容易接受教师后续讲解的知识。此外，教师不仅要将室内环境下适合的运动项目融入教学课程中，同时还应增加室外的运动，例如，户外攀岩类型的体育运动，这样能让学生在视野开阔的环境下进行运动，同时这样的运动能增强学生的体力，锻炼其坚强

的意志，更重要的是能激发学生参与的兴趣，这对学生未来养成长期运动的良好习惯具有重要意义和作用。

(二)加快高校体育教师队伍的建设

教师是体育教学开展的主导者，与其他文化课程开展形式不同，体育课程的开展需要教师的充分指导，才能保障学生在相对安全的环境下对一些知识进行学习，不论是从增强体育课程教学效果的角度或是创新体育课程教学形式的角度，对高校体育教师队伍的建设是毋庸置疑的。在实际操作中，学校可以聘用优秀省级或者国家级的教练员做全职(或兼职)的体育教师，这样不仅能指导学生按照标准的方式进行运动，同时鉴于其经验，能为学生提供多种有效的学习方式。另外，在本校中对在职体育教师进行培养，注重体育教师队伍的质量和数量，这样能为学生提供优质的体育教学服务。针对固有体育教师培训的方式和流程是：理论学习——实践课程演练——借鉴学习。在理论学习过程中，学校要聘请优秀和权威的体育教学人员，详细讲解不同体育运动项目的侧重点，然后教师应针对各种类型的运动项目制定创新的开展方式，通过相互评价和学习不断完善新型的体育教学方式与方法。

(三)制定规范化的体育运动安全防护体系

为了增加学生运动体验次数和安全系数，应对运动安全管理内容进行规范。通过对不同环境下运动安全管理机制的细致管理，保障学生运动在安全和有序的环境下开展。在此之后，要细化高校开展各项体育运动项目的安全防范措施。不同的运动类型应制定相配套的应急措施，教师要在开展新型体育运动之前进行演练，这样才能在一定限度上保障学生的生命安全。第一，应聘请专业的项目运动员和教练员对安全防范的知识进行讲解，要让学生和教师明确体育运动的安全防范要点，进而保障学生在突发状况下能实施一些自救的措施。第二，应组织应急救援小组，在高校开展新型体育运动之前，应急小组应时刻准备安全救助工作的开展。此外，学校还应准备充足的安全器材与紧急救助药箱，以备不时之需。

第六章　高校体育教学的优化

　　体育学科作为高校教学活动中的必修课程，在高校教学中发挥着重要作用。体育教学不仅可以强健学生的体魄，而且能与德育相结合，陶冶学生的情操，对于提升学生的心理健康和生理健康水平大有裨益。本章为高校体育教学的优化，分为高校体育教学方法的优化、高校体育教学内容的优化、高校体育教学环境的优化和高校体育教学过程的优化四节。

第一节　高校体育教学方法的优化

一、高校体育教学方法的类型

（一）分层教学方法

1. 分层教学方法的含义

　　分层教学方法是指基于学生之间普遍存在的差异性，教师在面向全体学生的基础上，有针对性地对不同学生群体制定不同层次的教学目标、教学方法及评价手段的教学模式。应用分层教学方法的目的是在充分尊重学生个体差异的基础上，让层次不同的学生都能够发展得更好。

2. 分层教学方法的重要意义

（1）有利于内部良性竞争

　　分层教学模式的分层不是一成不变的，它需要教师根据不同课程内容的要求合理分组。每个组的学生在完成本组目标后可以实现跨越组别，进入要求更高、更难的那组。教师在其间要起到调动学生积极性和协调分组的作用，鼓励学生形成互帮、互助、互赶的学习氛围，使学生逐渐养成乐于学习、乐于分享的习惯，为学生终身学习习惯的养成奠定基础。

(2) 有利于提升课堂教学效率

传统的高校课堂由教师制定统一的教学目标，按照统一的教学方法教授，最后根据统一的标准对学生进行评价，导致基础较好的学生完成得很轻松，而对于课程充满轻视态度且基础较差的学生则会产生畏惧心理，这不利于"终身学习"理念的落地。分层教学模式强调尊重学生的个体差异，侧重于关注不同层次的学生对薄弱环节的掌握，有利于激发学生的学习兴趣和自信心，从而提升课堂教学效果。

3. 分层教学方法在高校体育教学中的应用策略

(1) 隐性分组

在分组时，教师要做到不给学生贴标签，深入了解每个学生的情况，在教学过程中做到心中有数。另外，在实际教学过程中，教师在语言、肢体上不可表现出任何否定意味，要尊重每一名学生，在练习过程中为学生提供有趣的练习内容和恰当的指导，消除学生的疑惑和敏感，保护学生的自尊心。

(2) 动态分组

在分层教学模式中，每个组别的学生不能是一成不变的，应该实施"动态分组"。教师应根据学生的体育运动能力、学习能力、兴趣爱好的不同情况，针对班内不同学生的接受能力设计不同的教学目标，并根据不同的教学目标对学生提出不同的学习要求以及进行不同的教学辅导，最终进行教学评价。教师应灵活教学，积极引导学生，激发学生的学习热情和对成功的欲望，尽量让每一个学生都有所收获。教师需要将教学目标与学生实际情况相结合，合理分组，及时调整分组，充分调动学生学习的积极性。

(二) 合作学习方法

1. 合作学习方法概述

合作学习也叫协作学习，是一种人与人之间相互协调、交流、互助的学习方式。它起源于20世纪70年代的美国，并在接下来的十几年中，由于极具创造性和有效性的特点而成为教育界普遍认定的科学的教学策略。但是迄今为止，合作学习仍没有一个确切和统一的定义，人们比较认可的是来自美国明尼苏达大学的约翰逊兄弟的定义解说：合作学习采用小组形式的学习模式，在共同的学习活动中，促进学生身心发展。

2. 合作学习的常见方法

(1) 小组式合作学习

将学习者(教学中主要指班级成员)分为几个小组来学习。比如全班有50个学生，则分为5个小组，每个小组10个人；或者分为6个小组，其中4个小组每组8个人，剩下2个小组每组9个人。分组原则上由抽签决定，这样比较公平，且能够使小组学生的组成结构较为均匀，一般会有较优秀的学生也有反应较慢的学生，能够起到互助学习的作用。

分组后基本的教学流程如下。首先，小组内部协调，每组选出小组长，负责讲明教师的指令要求且分配学习任务。同时，各小组在教师的指令下组成教学所需要的队形，以便顺利完成学习。其次，开始合作学习。第一步，小组长在教师的教学要求下带领小组成员开始活动，自主练习教学的内容，活动过程中注意做好保护工作。第二步，教师整合自主练习之后的小组成员，列好队伍，教师对学习的内容以及需要示范的动作和技术做详细的解说和演示，学生边听边模仿学习。第三步，小组自行开展活动学习，互相帮助，小组长负责指导和示范工作，并将学习成果反馈给教师，在此环节需保证每个学生均在其中有参与。最后，教师总结评价。

综上，小组式合作学习的流程一般为：组队→组内自主练习→教师示范→组内学习→成员互评→小组长上交评价总结→教师综合评价→下课。

(2) 小组竞赛式合作学习

小组竞赛式合作学习同样首先需要进行分组工作，小组成员一般控制在8人为一组，如全班有40个学生，则可以分为5个小组。基本教学流程为：全班学习→小组合作学习→小组进行教学比赛→学习成绩评估。

第一步，教学竞赛活动通常有几个环节。因此，教师首先要将这些环节划分开来，一般分为5至7部分即可。学生听取教师对每部分内容和方法的说明，教师宣布竞赛开始。第二步，竞赛过程。这个过程主要依靠小组长的分配模式进行比赛。竞赛可以实行1VS 1、2 VS 2、3 VS 3等对抗模式。第三步，经验交流。经过一轮竞赛之后，各个小组之间相互穿插取经，学习其他小组的取胜经验。第四步，交换组员。选择技能较强的组员与其他小组交换，相互指导取胜经验。第五步，评价。每组派一名学员评价本组和其他小组在学习竞赛过程中表现出来的优点与缺点。第六步，教师总结评价。

这种小组竞赛式合作学习的方式和上面的小组式合作学习方式一样，其根本目的是学生之间互相学习、互相帮助，由技能较强的学生帮助较弱的学生。在活动后期评价中，教师要做到客观评价，且要对有进步、有突出表现的学生进行鼓励，增强他们的自信心。

(3) 集体互动式合作学习

集体互动式合作学习也需要先分组，如全班有 50 个学生，则分为 5 个小组。

集体互动式合作学习的教学流程如下。教师将教学要求向学生交代清楚，并对其中一些学习内容给学生做详细的讲解示范，同时要求每个小组领取学习任务。小组领取任务之后集思广益，对任务进行解析和设想，相互交流讨论。最后教师对学习内容进行演示指导，为学生解除疑惑。

这种合作方式能够使学生最大限度地发挥自身的想象力及对新理念的创造力，养成合作学习的习惯，学会借助集体的力量。

二、高校体育教学方法的选择

(一) 应有助于课堂教学目标的完成

教师的教学方法需要结合学生的特点与教学内容加以施行，同时，教学方法的选择应当考虑到学生的课堂学习目标与教师的课堂教学目标的完成。因此，教师在选择相关教学方法时，应当分析教学内容的特点，合理地设置教学目标，选取教学方法，才能确保教学方法与教学内容的有效结合，从而促进课堂教学目标的有效完成。教学方法的好坏，是在不断探索更新中判定的，教师应当充分结合实际情况与相关理论的选取。

(二) 应有助于激发学生的主观能动性

无论在哪一门课程的教学过程中，学生都是课堂教学的主体，教师应当通过合理运用教学方法，激发学生的主动性，提升学生的课堂学习积极性。体育本身是一门较为活跃的课程，需要师生的参与和配合。因此，在体育教学中，教师在选择教学方法时应当考虑体育课程的特点，合理地选择教学方法，尽可能激发学生的主观能动性，使学生的课堂学习效率得到有效的提升。

(三) 应有助于教师合理把控课堂教学节奏

高校体育教师在选择体育课堂教学方法时，不仅仅要考虑学生的课堂接受能力，同时还要考虑自身的相关能力。无论选取哪种教学方法，教师自身必须确保能够准确把控教学的节奏，对于学生的课堂反应能够做出预想的应对。当然，这些考虑的因素与教师自身的教学经验有很大的关系。所以,教师在选择教学方法的时候,需要对自身的实际情况以及课程把控要求加以考虑。

三、高校体育教学方法的发展

(一)教学方法多样化

高校体育教学是一个动态的过程,尽管教师会按照教学内容、目的、任务与学生的具体情况选择合适的教学方法,但在教学实践中仍存在应用时的变化。为了顺利实现高校体育教学的目标,教师在运用教学方法时,应统观全局,将多种教学方法有机结合,使教学方法体系的整体性功能得以充分发挥。现阶段,高校体育教学方法呈现多样化的发展趋势,这对于教学效果的取得与教学目标的实现具有十分重要的意义。

(二)教学设备现代化

现代科学技术的快速发展促进了现代化教学手段的使用,丰富了高校体育教学的资源。在高校体育教学过程中,现代化教学手段的广泛使用,使学生对空间与时间的感知得到扩展,认知客观世界的能力得到提高。一方面,在高校体育教学中引入现代化教学设备,不仅能使教学活动更加形象、生动,还能提升体育教学的科学性与吸引力。另一方面,将现代化教学设备引入高校体育教学中,有利于各种教学方法的有机结合,便于充分调动教师和学生的积极性,进而能够获取较佳的教学效果。

第二节 高校体育教学内容的优化

一、高校体育教学内容的特点

(一)多样性

由于体育内容的起源方式和文化背景不同,体育教学内容也存在着区别,而体育内容的传统起源影响着人们对体育教学内容的认知。因此,体育教学要根据实际情况"对症下药",从而使体育教学得以顺利开展并取得良好效果。

(二)实践性

体育教学内容需要学生通过肢体活动才能完成,因而实践性是体育教学内容一个不可忽视的重要特点。不同于其他学科通过在室内课堂上的讲授、做题等方式达到教学目标,体育教学的内容无法单纯通过讲授理论的方式来完成传授。实践是体育教学的主要学习方式,学生必须通过实际的体育运动来体验才能完成。另外,国家规定的体育教学目标中也包含心理健康部分,而恰当的体育活动能达成对学生心理健康的调适与引导。综上,实践性是体育教学的特点之一。

(三)娱乐性

大多数体育活动是由人们日常生活中的娱乐活动演化而来的。娱乐性不仅体现在人们身心的愉悦上,还体现在竞技体育的竞争、合作、超越等精神层面,包括人们对于新的运动项目的体验和掌握的成就感,也包括人们对体育环境、场地、竞争规则、竞争形式等方面的认同。当学生参与体育学习时,一定是因为对这项体育项目感兴趣,才会主动接触和学习。教师在教学中应注意发挥娱乐性对学生学习兴趣的调动作用。

(四)健身性

健身性是体育教学独具的特点。大多数体育教学锻炼内容是以肌肉运动的形式开展的,这无疑会给身体造成一些负担,所以练习者要在合理的范围内参加体育运动。在实际教学中,为了保证体育教学内容的完整性,教育工作者做出了许多努力,比如根据学生的不同身体部位特征和受教育者的不同身心特点制订科学化训练计划,对运动强度进行合理规划,并评估每个教育部分的效率。但是由于学生学习时间的安排、学习目标的优先次序等因素,这些训练计划常常无法按计划顺利进行,也就是说,学生的实际训练情况往往处于一个不受控制的状态。

(五)开放性

团体活动是体育教学的一种重要的进行方式。人们在体育训练和竞赛中的互动非常频繁,这使得体育教学内容比其他学科的教学内容更具有人际交流上的开放性,更注重人与人之间的交流和集体精神的培养。在体育教学过程中,教师和家长、教师和学生、学生和学生之间建立了紧密和开放的联系,在以团体为单位的活动中,团队成员之间的工作划分得更加清楚，这使得体育教育中的角色性超过了其他学科，有利于学生健康人际关系的发展。

(六)空间约定性

在体育教学中，很多活动都是要在规范场地内进行的，如沙滩排球、篮球、跳远等。正是由于不少活动对于空间的要求，导致体育教学对于场地有较大的依赖性，这使得空间、器材、道具、规范场地成为体育教学中不可或缺的部分。

除此之外，体育教学还存在三个较为明显的特点：第一，素材极多；第二，各项目内在的逻辑性联系并不强，彼此之间基本是平行并列的，如足球、游泳、铅球等，教师在进行教学内容安排时没有办法完全依据困难程度和学生的准备程度来列出先后次序；第三，体育项目与锻炼效果之间存在"一项多能"(指一种运动项目可以起到多种锻炼效果，比如健美操既有观赏性，又可以塑造形体)和"多项一能"(指不同运动都可以达到同一种训练效果，比如俯卧撑和吊环都可以起到锻炼上肢肌肉的作用)的关系。

教师在制订体育教学内容时，可根据上述特点选择不同的锻炼项目，并应注意新兴起的体育活动类型。

二、高校体育教学内容的选择

(一)高校体育教学内容选择的依据

高校体育教学内容的选择要结合学校真实的教学情况进行，不能脱离实际。一般说，高校选择体育教学内容时可参考以下依据。

1. 按照体育课程教学目标进行选择

体育课程内容是一种手段，关联着与之对应的教学目标，而教学目标是教学内容选择的依据，选取教学内容一定要按照教学目标进行选取。总体说，体育课程教学目标是非常多元化的，也具有非常丰富的代表性。由于体育运动项目呈现多样化的特点，所以高校在体育课程内容选取方面应该更加灵活，不应局限于单一内容。

2. 按照社会发展需要进行选择

高校在选取体育教学内容的时候，要考虑这个内容是否符合社会发展需要。学生作为即将进入社会的主体，会随着社会的发展而发展，因此，高校在选择体育教学内容时，要着重考虑社会因素。学生和社会是息息相关的，学生从校园毕业后要进入社会就业，如果从学校学习的体育课程能在学生就业时，以后生活中发挥重要的作用，这对学生来说也是一种鼓励。体育教学内容才能发挥它应有的作用。

3. 按照体育教学素材的特性进行选择

我国一些编订的体育教学素材突出的缺点是内容的逻辑性不强，素材内容之间无法流畅衔接，这在一定程度上影响了体育教学内容的编排。一般情况下，体育教学内容的编排都以运动项目为划分依据。

如前文所述，体育项目与锻炼效果之间存在"一项多能"和"多项一能"的关系。高校应根据体育项目的特点、所锻炼的能力与练习者的乐趣体验等来选择合适的教学素材。

同时，由于我国的体育教学素材多而杂，致使体育教学内容也非常繁杂，这在一定程度上增加了授课教师选择教学素材的难度。体育教师不是全能的，不一定能够做到了解并掌握所有的体育内容，体育课程的设计人员也是如此。体育教学素材的选择应符合当地特点。

4. 按照学生需要及身心发展规律进行选择

教师在教学过程中不能只注重教学的结果，还要注重学生的需求。学生几乎都会选择有兴趣的课程，因为这能让学生全身心地投入进去，并且不会觉得无聊，结果就是学习的效率会大大提升。但在很多高校，尽管学生们选择的是自己感兴趣的体育课程，但实际上他们参与的热情并不高，主要原因是体育课程的内容比较死板、无趣，没有灵活性。这些现象在提醒高校一定要根据学生的需求和身心特点来选择教学内容。

（二）高校体育教学内容选择的原则

高校体育教学内容的选择要多方面考量，一般说，要遵循以下原则。

1. 科学性原则

选择体育教学内容的首要原则就是要尊重科学，只有尊重科学，体育教学内容选择才能从实际出发，才能促进社会的发展、学生的心理健康及身体素质的提升。

2. 趣味性原则

一个人想做一件事的原因大都是这个人从内心想做这件事，在这里，"兴趣"起着决定性的作用。参与体育运动项目也是一样的道理。如果学生们爱好这项运动，他们就会积极参与其中，乐此不疲，并且心态是放松的。因此，体育教学内容应看重学生学习的兴趣，选择学生感兴趣的、受欢迎程度比较高的教学内容，这样可事半功倍。教师在日常的教学过程中也要注重教学的全面性、灵活性，不要对每个学生都像培养专业运动员一样要求，这样容易使学生产生抵触情绪，而厌烦体育课。

3. 教育性原则

考量体育教学内容好坏的标准是它是否具备教育性。如果一本体育教材不适合教学，那它基本上也不会对社会产生积极的影响，不能予以选用。

4. 实效性原则

高校在选择体育教学教材的时候要考虑教材的实用性问题，也就是说，使用一本教材产生的影响是非常重要的考虑因素。在此基础上，要考虑教材内容是否新颖、结构是否合适、表达是否流畅、印刷质量是否达标等。高校要尽量选择能让学生终身受益的教材，为学生快乐学体育、健康学体育创造条件。

三、高校体育教学内容的优化策略

（一）建立体育教学内容电子数据库

体育部门可联合高校建立体育教学内容电子数据库。以学生的年龄特征、身心发展、体育运动发展规律等为依据，将丰富的国内外体育教学内容进行收集、整理、分类、分层，建立同一水平不同体育教学内容之间的横向逻辑联系，不同水平同一体育教学内容之间的递进晋升关系，形成多层次、多内容的教学内容学习网络，并按照技术动作的难易程度分别投递到高校体育教学的各个水平段。

如此，一线体育教师可以选择合适的教学内容，避免选择教学内容时的盲目性，减少对必修体育教学内容的重复设计工作。同时，此项举措有助于提高高校体育教学的质量；有助于学生参与乐趣的提高，体质健康水平的提升，个体的全面发展，以及终身体育运动意识的养成。

（二）建立体育与健康成长电子档案

结合目前我国高校学生电子学籍系统，高校可充分发挥网络时代的科学技术资源优势，建立学生"体育与健康成长电子档案"。高校可将学生参与体育与健康的情况具体、真实地记录到档案中，其中包括不同年级、不同学年、不同学期完成体育教学内容的情况，含完成体育教学内容的基本情况、完成的星级情况、完成的达标情况等。档案可用来跟踪学生的学习情况，作为学生参加体育学习的过程性评价，并可形成学生不同学习阶段的阶段性评价，有利于高校各水平学段的体育教师了解学生之前学过哪些教学内容、学到了什么程度，并据此确定今后的教学内容的选择方向。

高校学生的体育与健康成长电子档案中的体育教学内容指标，能够及时反馈当时体育教学内容选择的实效性，从而为体育教学内容的改革提供有力实证，促使体育教学内容进入深度改革。档案对学生学习效果进行了量化，而量化体育教学内容效果，有助于提升体育教学质量，便于社会监督高校体育教学的情况，促进高校体育教学的发展，有助于学生打牢基本运动能力的基础，以及学生终身体育意识的形成。

（三）以学生的全面发展为核心内容

高校应完善体育教学内容体系，关注学生生命个体的独特性、鲜活性、不可替代性。体育教学应增加学生生存技能元素，充分尊重学生生命个体独一无二的存在，用更加丰富多彩的教学内容，唤醒学生内在的本体感觉，变"由外而内的接受式学习"为"由内而外的主动学习"。体育原是由远古的狩猎行为演变而来的运动，当时的狩猎行为是为了满足人们生存的需要——如果不去狩猎就要忍受饥饿。因此，人们狩猎回来都会欢庆。而如今人们丰衣足食，这时的体育教学要回归到"满足学生生命个体内心的需要"上来。

体育教学内容在注重丰富化的同时，还应注重游戏化，打造体育教学模式的良性循环。教师应改变教学内容的单一性、枯燥性，将教学内容趣味化、游戏化，让学生最先在游戏中体验，然后产生学习技能的渴望，之后学习体育运动技能并将学习体育运动技能变成本能的需要。体育教学最需要做的是还原运动的环境。在教学的初期，教育的作用应该是弱化的，主要是为学生提供良好的、安全的、有锻炼价值的游戏环境，让学生在玩中体验本我的需求，当学生跑不过、爬不上去、跳不过去的时候，就产生了学习的需求。"玩中学"的"临界点"就是体育教学的最佳点，就是体育教师教与学生学的阶段。学生提高基本运动能力后，再次游戏，再产生需求，再加以学习，从而形成良性的"需求—教学—实践—再需求—再教学—再实践"的循环模式，即"游戏体验—技能教学—应用实践—再游戏体验—再技能教学—再应用实践"的循环模式。这个循环的周期可以是一节课、一个技能教学单元、一个单元教学、一个学期或一个学年。总之，教师放慢教学速度，改变"为了教而教"的现实，有助于提高体育教学的质量，更重要的是能够唤醒学生生命个体内在的需要，而这是体育教学的本质，体育教学也将因此达到事半功倍的效果。

（四）为高校体育教学内容进行瘦身

体育教学是关乎学生身体健康、生命健康的教育，因此，体育教学内容应循序渐进地进行，随着生命个体的发展有序地、有阶段性地展开。这是一个漫长的教育过程，因而教学内容的系统性、规范性非常重要。在众多的、丰富的教学内容中，高校应排除一些非必要的教学内容，科学、合理地精选体育教学内容，达到既为教学内容瘦身又将经典的体育教学内容选入教学的效果。就像语文教材中的文章、数学教材中的例题和练习题一样，经典体育教学内容背后含有道理、方法等科学知识。要焕发体育教学的生命力，需要进行体育教学内容的科学瘦身，而不是对体育教学内容的基本罗列、重组、编排。

正确认识"体能"是有效选择体育教学内容的前提。体能是体育教学内容最基本的核心元素，并非体育教学内容的全部，也不是体育教学的全部目的。体能是体育运动的一个最小的"细胞"，重要且不能缺少，就好比语文的"汉字"、数学的"数字"、英语的"字母"、音乐的"音符"一样。体能存在于体育运动的每个组织结构中，是体育教学内容中不可或缺的一个元素，也是贯穿体育教科书的主线。

（五）根据教师能力完善体育教学内容

体育教学内容的选择需要充分分析体育教师队伍的建设情况，但不能被迫地约束于体育教师队伍的教学素质和发展条件。

实际上，只有体育教师遵循体育教学内容研发的规律，并积极地投身于体育教学内容的研发过程中，在体育课程的实施中不断学习，提升综合素质，把体育教学当作自身最重要的责任和使命，并不断地进行改革，这样才可以达到体育课程理想化的标准。

现今社会，优秀的体育教师不只是专业的体育教师，更是体育教学的多面手。随着我国社会主义的发展，就体育教师而言，其学历水平不断提升，更具专业性，但对于学生心理学、教育学方面的理论知识掌握相对薄弱。这不仅限制了体育教师专业化水平在教学中的发挥，而且不利于学生的体育学习与健康成长。因此，体育教师不仅要掌握本专业的知识，而且要了解教育学、心理学、社会学等学科的知识，以更好地为体育教育的专业知识传授来服务。基于此，对于体育教师的继续教育不仅仅要围绕着体育学科的专业知识开展，更应包含多元化的继续教育培训内容。高校特别要加强体育教师的入职培训，因为教师角色的转变、教师教学技能的形成等都需要学习。

对于体育教学内容，教师只有具备强烈的开发观念，才会积极主动地了解课程研发设计人员所要求课程达到的目标,以及设计者设计教学内容所考虑的因素,从而掌握教学课程方案所蕴含的内在条件和要求。同时在教学中,教师只有具有较强的课程研发水平,才可以在课程研发的过程中,按照实际的课程实施情况对课程进行调整和完善,并弥补课程设计本身存在的不足。简单说,只有教师具备较强的课程研发意识和能力,才可以促进教学的顺利开展,才可以更加主动地从课程编制和研发的立场来组织和执行,同时找到课程内容中不协调的因素并有目的地改善。

(六)根据学生情况提供专项课程学习

在专项课程设计中,设计者需要按照社会的需求进行合理的研发和设计,并尽量和社会的发展需要保持一致。在学生选择专项课程的过程中,学校要设置专业的教师对专项课程进行概述,提升学生对专项课程的认识,消除不好的学习动机,另外,针对不同专业学生状况给予详细阐述。同时,学校还要确定合理完善的专项课程选择方式,让教师和学生进行选择,同时审核学生学习专项课程的综合素质,明确学生是否能适应学习专项课程。

第三节　高校体育教学环境的优化

一、体育教学环境的定义

体育教学环境是依据体育教学活动主体身心发展的特殊需要而组织起来的,用以满足学校体育教学活动所必需的多种客观条件。姚蕾教授认为:体育教学环境是指开展体育教学活动所需要的所有条件的综合。从广义层面说,体育教学环境既包括教师与学生,又囊括了法律法规、家庭条件、社会制度等。从狭义层面说,体育教学环境是教师与学生的综合。

体育教学环境对教学的重要性不言而喻,它是构成体育教学这个整体的重要部件。从硬环境说,体育教学环境是一个较开放的空间环境,涉及为完成体育教学任务与体育教学目标所必需的一些物质条件,如体育场馆、体育器材、体育教材等。此外,自然环境对体育教学任务的完成亦有较大的影响,如温度、湿度对体育课室外活动有较大影响。从软环境说,体育教学环境涉及师资、制度等内容。

二、体育教学环境的构成要素

根据体育教学环境的定义，体育教学环境是多个因素的构成体。因为体育教学的主体是体育教师和学生，而体育教师和学生在体育教学中互为客体，所以体育教师和学生在体育教学环境的范畴之内。且体育教学是体育教师和学生的活动，离开了体育教师和学生，体育教学就不再存在，足见体育教师和学生的重要性。因此，体育教师和学生是体育教学环境中的重要构成要素。

如图6-1所示，体育教学环境构成要素包括硬环境和软环境。其中，硬环境主要是指不能通过人为干预的物理环境以及教学过程中所需要的物质基础；软环境是通过人行为的变化进而加以改变的非物质条件。硬环境主要包括体育教学的自然环境以及教学设施；软环境主要包括体育教学的师资队伍、教学制度、人际关系以及信息交流。

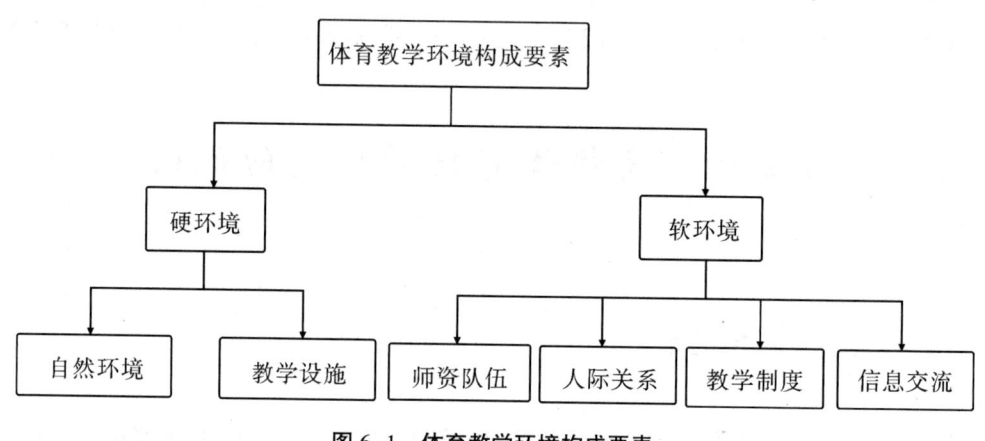

图6-1 体育教学环境构成要素

（一）自然环境

体育教学主要以身体与专项技能的教学为主。温度、空气湿度等人为因素无法干预的自然环境对教学活动都会产生一定的影响，这些因素会直接或间接地影响体育教学的效果和质量。若体育场馆内的光照时间充足，及时地通风换气，易使师生头脑清醒、心情愉悦，那么整体的教学效果就会有显著提升，学生积极性也会大增；反之，则易使师生情绪低沉，进而降低体育课的教学质量，学生学习效果也会大幅度降低。空气湿度对体育课的教学活动同样有着一定的影响。如我国北方大部分地区夏季湿度要比冬季的湿度大，温度较高，室外授课时容易导致学生身体不适，甚至发生中暑，影响正常的上课进度；冬季天气寒冷干燥，学生对运动的敏感度降低，不愿进行高强度的热身和活动，从而容易受伤。

(二)教学设施

在体育教学环境中,教学设施主要涵盖场地、器材、场地的活动空间等诸多要素,同时伴随这些的还有一系列的服务项目,如场馆的采光是否充足,场地周边的生态环境是否优良,场地器材的维护、保养、更新换代等后续服务是否及时,这些条件都会直接或间接地影响学生学习的兴趣和教师授课时的心情,不良设施还会对学生的身体造成伤害,所以,良好的教学设施在日常的体育教学中具有至关重要的作用。场地器材对于正常的教学也是十分重要的,良好的、正式的、专业的场地设施,会给学生一种强烈的积极心理暗示。

(三)师资队伍

体育教学环境离不开教师和学生。良好的师资队伍和教学设施一样,是体育教学环境中不可或缺的重要因素,同样也是教学环境的基础所在。教学经验丰富、课堂掌控能力和应对突发状况能力较强的教师,能够对课堂中所发生的情况包括学生的心理变化了如指掌,并能根据学生的心理变化审时度势地对教学内容进行调整和部署,所以优秀的师资队伍是教学质量最有力的保障。一般情况下,通过对教师教龄、职称、学历、上课时的教学组织情况进行了解就可看出教师的专业素质。

(四)教学制度

合理的教学制度能够确保人才培养过程中的科学性、有效性,确保人才培养的总体质量,有效地保证教学质量。良好的体育教学环境营造需要多个方面同时进行协调,除了良好的场地器材、优秀的师资队伍之外,规范的教学制度也是教学环境的重要支撑。教学制度主要是针对课程制定的标准、课程的发展方向、教师如何掌控课堂、如何规范学生行为而存在的,主要包含班级规模、教学内容、考核方式等。

(五)人际关系

良好的人际关系在教学活动过程中能够使教师和学生处在一种非常融洽的氛围中,有助于教学质量的保障。教师与学生之间的关系是维持教学活动稳定进行的最基本也是最普通的一种社会关系。良好的师生关系,对于日常教学活动的开展能够起到至关重要的作用。在教师授课过程中,良好的师生关系会使学生更加地尊重教师,积极参与学习,与教师积极互动;同样地,教师也会主动付出,积极授课,从而形成一种良性循环。学生和学生间的人际关系是体育教学过程中最普遍存在的联系。学生与学生之间，团结协作和相互比拼两大形态关系居于多数。在学习过程中，教师要正确引领学生，使合作关系占主导地位，竞争性关系也要加入其中以增强学生的拼搏意识，两者需处理适当。师生关系、生生关系在教学过程中很重要，是人际关系这一方面主要的研究内容。

（六）信息交流

信息交流包括课上与课下师生之间、生生之间的信息互换。在体育教学中，学生对技能动作的了解和练习，基本都是在课堂教学过程中进行的。教学中的信息交流主要包含两个方面：第一方面是指教师对技能动作和知识的传授，包括对学生动作的纠正，这些主要是在教师授课过程中进行的。第二方面则是指师生、学生之间通过线上交流平台来交流。交流是相互学习的过程，线上信息交流平台可利用现有的科技对一些技战术进行复盘，更直观地呈现给师生，从而能够达到更好的教学效果；这些平台同时也是师生、学生之间进行学术、技战术动作交流以及情感交流的媒介。

三、高校体育教学环境的内容

体育教学环境大多数情况下指的是承载体育教学的自然环境、社会环境及精神环境。体育教学环境对于体育教学活动的开展以及教学效果具有十分重要的作用。高校的体育教学内容、教学空间、教学环境的各不相同，以及学生之间的个体差异，使得体育教学环境呈现出高度的复杂性和不确定性，致使体育教学实践的顺利实施会受到些许阻碍。而高校体育课程的任务除了传授学生专业的学科理论知识和运动技能外，还包括对学生进行理论联系实践的思维与行为指导，促使学生充分理解与运用某项运动技术。高校体育课程的开展绝大部分都是在室外的环境下进行的，这对于教学环境的学科内容创设与氛围营造提出了更大的挑战。

为灵活驾驭动态变化的复杂教学环境，教师需要对未知教学情境先进行假说研究，然后在教学过程中具备问题意识，敏锐地发现问题并全面分析、解决问题。在进行体育课程的设计与安排时，教师要保证能够有符合标准的体育运动场地，这样才能保证体育教学有一个良好的硬件教学环境，才能取得较好的教学效果。

一般说，高校体育教学环境能够为大学生营造良好的体育文化氛围，对大学生思想品德、价值观念的形成起到潜移默化的积极影响。高校要以学生为核心，以体育教学为契机，在大学校园体育环境建设中弘扬体育精神，建设体育物质环境，完善体育制度，更好地发挥体育教学的育人功能。

(一) 高校体育教学文化环境

体育文化环境作为校园体育文化的核心和灵魂，主导着校园体育文化环境育人的方向。要建设优良的校园体育文化环境，就要使大学生树立正确的体育观念，要让大学生将体育当作校园生活的重要组成部分，将体育锻炼看作一种健康的、积极的、科学的生活方式；同时，要培养大学生良好的体育道德和日常体育习惯，强化他们的体育意识，使他们将体育融入日常生活中，从而在思想上树立终身体育观。

此外，高校要充分挖掘体育精神的文化内涵，更深层次地研究体育精神文化，使大学生能够从不同的视角全面深入地了解体育；高校要在大学校园内宣传和弘扬高尚的体育精神，如奥运精神、女排精神等，用良好的高校体育校风和由体育精神文化所营造的良好氛围来激发大学生愉悦地、主动地参与到体育锻炼中去，使大学生在感知体育文化、享受体育乐趣的同时，被体育运动里面蕴藏着的体育精神所感染，从而能够了解体育精神、学习体育精神、贯彻体育精神。

(二) 高校体育教学物质环境

体育物质环境作为体育环境的物质基础，是体育文化环境在物质层面最直接的载体，也是体育文化环境中能够被直观表现的部分，这也使得体育物质环境成为体育文化环境发挥育人作用的重要保障。在大学校园内，能被看到、感知到的体育物质环境有体育场馆、体育器材等，它们能够直接表现一所大学的校园文化，高校只有用心去建设和完善，才能创建出具有亲和力的校园体育物质环境，也只有在良好的环境氛围中，广大师生才能够对体育运动产生热情，才会主动地去参加体育锻炼，才能提高校园体育活动的参与度。高校要努力丰富校园体育物质环境的内容，增强客观的体育物质环境潜在的教育性优势，通过对校园体育物质环境的建设和强化，在校园中营造出良好的体育教学环境氛围，从而充分发挥高校体育教学环境的育人功能。

(三) 高校体育教学制度环境

在高校中，良好的体育物质环境和体育文化环境离不开校园体育制度环境的保障。高校体育制度是高校体育教学的重要组成部分，对于高校体育教学系统而言，是其能够正常运行的重要保障。因此，高校体育制度有力保障校园体育教学的建设。校园体育精神文化依赖于体育物质环境的支撑，但是仅仅如此还不足以让体育精神文化和体育物质环境结合到一起，它们之间的结合还需要体育制度的保障，也只有依靠体育制度才能将两者结合起来，充分发挥育人作用。因此，体育制度是连接体育精神文化和体育物质文化的桥梁。体育制度的建设是一项长期的需要探索创造的工作，高校要贯彻落实各项体育规范，将校园内的所有体育工作制度化、规范化、程序化。高校只有做到将校园体育制度系统化，学校师生才能够更好地、有保障地享受到校园内的体育物质环境，更加主动地、积极地弘扬校园体育精神文化，在遵守规则中，享受体育运动的乐趣，提高自我修养。

第四节 高校体育教学过程的优化

一、高校体育教学过程的界定

教学过程是指教师与学生在共同实现教学目标过程中的活动状态变换及其时间流程。人是一种复杂的个体，会受到情感、环境等因素的影响。教师在实际教学的过程中，即使在课前已经依据教学的基本规律做好了精心的备课，但是课堂上会发生什么，依然是难以预料和百分百掌握的。

教学过程中动态、不确定的因素有多种体现：也许一位调皮的学生天真的提问引发了全班同学的笑场，从而打断了教师的教学思路；也许一位学生的另辟蹊径引发师生对教学内容的深层次思考……这种动态、不确定意味着体育教学很可能不会遵循教学计划、照本宣科式地去完成，也就是说，找不出一种教学方法能适应各种环境以及各种情况。

例如，一种运动技能可能有几十种训练方式和教学方式，但并不是每一种都适合拿来进行教学实践，训练方式和教学方式还受制于教学对象的运动技能基础、身体素质、运动天赋等因素。教师在传授运动技能时要因材施教，灵活运用教学方法和训练方法，才能完成教学内容，达到教学目的。

高校体育教学过程是在师生交互、不断探索的进程中共同完成的。这就需要教师根据教学内容、对象和现场情况的变化及时地修改教学计划以及调整课堂组织形式，灵活开展教学活动。

二、高校体育教学过程优化的措施

(一) 优化教学环境

体育教学效果评定既与教师和学生对教学的态度及状态有关，又与场地、器材、环境等外部条件有关。高校扩招造成有些高校体育场地及器材不足，这是现实存在的问题。尽管如此，高校及体育教师通过主观努力来改善教学条件，按照最优化的理论，在现有的条件和实际可能的前提下使学生的发展达到最优。如高校通过合理安排授课项目和授课时间，使学校已有的设备和场地得到最优化利用，从而提高教学效果。

1. 优化高校体育物质环境

(1) 优化体育教学时空环境

时空环境受时间与空间因素的约束。在高校内部，时空环境还受到其他多种因素的影响。因此，想要优化体育教学时空环境是较难的事情。高校通过对体育教学方式、教学内容、教学时间等因素进行科学合理的规划，来保证体育教学活动的有序进行。

(2) 优化体育教学环境的整体设施

该项措施主要包括优化对体育场地、体育设备等，即优化体育教学活动中的基础设施。体育教学环境优化的完善程度直接影响体育教学质量。对于目前大多数学校来说，其体育场地不仅可以提供健身项目支持，还可进行娱乐等其他活动，因此，建立完善的体育教学环境设施，更好地为体育活动服务。

(3) 优化体育教学场地的地理位置以及自然环境

地理位置不能依靠人力改变，这束缚了高校对体育场地的选择。高校只能按照原有地理位置进行环境维护，对地理位置合理地加以开发利用，发挥其价值，根据地理位置及自然环境的变化实行优化策略。

2. 优化高校体育文化环境

(1) 优化体育教学模式

传统的体育教学模式较为落后，导致学生对体育产生不了太大的兴趣。教师需要对体育教学模式进行创新，采取知识、趣味与体育活动相结合的方式进行教学，并采用线上、线下相结合的方式，从而实现课内外、校内外相结合的全新教学模式，从而提高学生体育水平。

(2) 获得校领导的大力支持

高校体育教学开展的顺利与否与校领导的支持以及决策有重要的关系。要想让高校体育教学环境满足体育活动的要求,需要校领导加大对体育教学的重视程度,充分认识到体育对学生的重要意义。只有校领导的大力支持,才能促进高校体育教学有效发展。

(3) 营造良好的体育文化氛围

在体育教学中,教师应把学生作为上课主体,将体育文化和体育精神潜移默化地传授给学生。高校应为学生营造良好的体育文化氛围,促进学生形成正确的体育价值观及体育态度,激发学生学习体育的积极性。

3. 优化体育教学班级体制

在大多数高校的高年级,体育课程是选修课程。按选修课的教学模式,每个专业选修同样课程的学生会聚到一个班级学习。在这种模式下,由于学生人数比较多,通常达不到较好的体育教学效果,体育场地、设施以及体育教师也多出现短缺现象,学生在课堂上不能充分地享受体育资源。因此,高校应合理安排班级人数,根据教学内容以及场地的不同对学生进行合理的分班,有效提高体育教学效率,提升学生体育水平。

综上所述,良好的高校体育教学环境会对学生产生积极影响。因此,完善高校体育教学环境至关重要。高校通过优化体育教学的整体设施、优化教学模式、营造良好的体育文化氛围、优化体育教学班级体制等策略,提高学生学习体育的积极性,提升体育教学质量,从而促进高校体育教学的有效进展。

(二) 优化师资队伍

在实施体育教学的过程中,高校可以运用科学的管理方法来调动教师工作的积极性,发挥教师的教学能力特长,挖掘教师潜力,从而使学校体育教学的教师配备达到优化组合,达到整个教学团队在一定条件下的优化组合。这样可以发挥教师在教学过程中的优势,有利于教师把握教学难点,控制教学质量,遵循教学规律,优选教学方法,调节教学情绪,充分利用教学的时间,从而达到良好的教学效果。

(三) 优化教学方法

教学方法优化反对夸大和低估任何一种教学方法的作用,应根据教材教学目的的要求选择合理有效的教学方法。实践中同一种教学方法对不同的教学对象会产生不同的教学效果,这一点是客观存在的。因此,选用一种好的教学方法不仅能大大地减轻教师和学生在课堂教学中的负担,还能培养学生的学习兴趣,发展学生的思维创造能力,达到良好的教学效果。

体育教师应在全面了解各种教学方法的基础上,根据有关高校体育教学的原则、教学任务、教学内容、教材的难易程度,教师的个性特点和优势,学生的年龄特点和体育基础水平,以及场地、器材、设备等具体情况,灵活选择和创造各种体育教学方法。

教学方法优化还包括对各种教学组织形式进行合理搭配,最大限度地利用时间和空间。

(四)优化教学大纲和教学内容

高校体育教学的教学任务是:以育人为宗旨,引导学生主动、积极地锻炼身体,帮助学生掌握现代体育科学的基本知识、技能、技术和锻炼身体的方法;有效增强学生体质,促进学生身心和谐发展;帮助学生建立正确的体育意识和观念;提高学生体育文化素养;使学生获得独立从事体育锻炼的基本能力;培养学生终身体育的兴趣和习惯,为学生的全面发展打下良好的基础;努力创造条件提高少数具有竞技运动才能的学生的运动技术水平,为国家培养和输送优秀体育人才。

因此,高校在体育教学大纲的修改和制订上应该综合规划,使上述任务达到最优化组合。大纲的内容应该保证完整性和全面性,同时要有根据地突出最主要和最本质的部分。体育教师应在"健康第一"体育思想的指导下,选择符合现实的体育教学内容,提高学生学习体育知识的兴趣,合理安排教学分量,认真规划体育教学内容中的逻辑顺序、广度、深度以及教学进度。同时,体育教师要选择好教学重点,在同类的练习中优选出最有效的内容让学生练习,并注意各类活动内容的合理搭配,使学生各部分身体功能均衡发展。在教学实践中,体育教师还要充分考虑不同学生的差异,注意区别教学。

(五)科学评价和调控教学过程优化方案

按照教学优化的标准,对教学优化的实现结果做出客观的判定,以确定其优化程度,是对教学优化做出的评价。它是教学过程优化的重要环节。

评价者在评价时,不仅要对各个要素进行单项评价,而且应评价各要素的联结情况和整体效果,这样才能不断调整教学系统趋向最佳状态。在教学活动的实施过程中,评价者应灵活选用测验、调查表和观察表等评价工具进行分析和判断,及时查明教学过程中出现的问题和影响教学效果的不利因素,并根据结果采取灵活措施和方法予以校正和调整,以使教学过程达到最大程度的优化。

(六)提升体育教师的教学学术能力

高校体育教师教学学术能力的提升策略研究可以从学校、体育教师及制度等方面来入手。本书从体育教师自身能力层面出发，结合体育教师教学学术能力的构成及发展的趋势，提出以下提升策略。

1. 认识深化策略

(1)重塑体育教师的学术观和教学观

受到一些不太端正的学术观与教学观的影响，部分高校体育教师轻视体育教学而一味地追求科研成果的数量，使教学与科研之间成了一种矛盾关系，而不是相互促进的关系。随着时代的发展，高校体育教学也在不断发展，高校体育教师的这种学术观和教学观需要革新。

高校体育教学学术的提出，对丰富和拓展体育教师的学术观和教学观具有革命性的意义。关注新的学术观和教学观，时刻更新和发展自我理念，是高校体育教师教学学术能力的体现与存在方式。新旧观念的更替，能让高校体育教师实现自我更新，有利于其探索自我教学实践的新范式。重塑学术观与教学观有利于引导和激励高校体育教师改善对体育教学的要求，并对体育教学实践中的各种影响因素与知识传播效果给予关注。

高校体育教师在体育教学实践中展开研究，在研究中改善体育教学，有助于实现高校体育教学质量的持续动态提升，并进一步促进高校体育教师教学学术能力的提高。

(2)为体育教师提供教学学术指引

目前，国内高校的体育教学方式多是以体育教师讲课为主，课堂多枯燥无味，学生被动学习，教师也常有疲劳的感觉。这种以体育教师为主导、学生为主体的教学模式亟待革新。受传统教学模式以及传统学术观念的影响，大多数高校对体育教学研究并未有足够认识，导致一直没有给予体育教学学术以对等的地位。高校应引导体育教师了解什么是体育教学学术，帮助体育教师深刻认识体育教学学术，并指导体育教师适应新的教学理念。体育教师一旦适应且认同体育教学学术理念，便会用实际行动表现出来。高校可通过体育教学学术的氛围营造，引导体育教师基于体育教学学术理论改善体育教学。在体育教学时，体育教师可能会因为学校对体育教学学术的限制和学术氛围的不浓厚，而对体育教学学术的看法有所不同。所以高校为体育教师提供教学学术的指引，促使体育教师的教学表现出较强的创造性和学术性，并正确地认识体育教学学术。

(3) 营造崇尚体育教学学术的氛围

不少高校体育教师受外在环境的影响，无法专心学术创作，这就需要高校为体育教师准备展示的舞台，营造崇尚体育教学学术的氛围，使体育教师能保持愉悦的状态，崇尚体育教学学术并用心提升自我教学能力。高校应为体育教师着想，充分调动体育教师的教学热情和积极性，营造重视体育教学学术的氛围，从外部保障上让体育教师无后顾之忧。体育教学工作的良好成效，教学学术能力的发展，必然离不开体育教师的创新和努力。为了尽可能地推动体育教师积极地研究教学和与他人进行教学交流，高校需采用宽松灵活的管理方法，以赋予体育教师一定的教学自主权，且高校应为体育教师提供更多的学习和培训机会。学校需多鼓励体育教师从不同视野主动思考探究体育教学，并将自己的内心想法与同行交谈。不仅为体育研究开辟新的境界，有助于大家看清当今体育教育存在的盲区，而且新的视野也必将在体育研究中产生新的话题，形成新的范畴，解决新的问题。教师同时可以对一些知识进行合理整合，用适应学生的方法教给学生。综上，营造崇尚体育教学学术的氛围，有助于达到提升体育教师教学学术能力的目的。

(4) 体育教师应重视自身教学学术能力的提升

一个专业基础扎实并且具有丰富的体育教育教学知识的体育教师，如果能认识到发展教学学术能力的重要性，则可使自身对教学有更进一步的认识和理解，有助于体育教学学术研究的开展。如果体育教师具有扎实的体育专业知识，对所教的知识内容很熟悉，则有利于提升体育教学质量。如果体育教师针对教学情况不断研究、反思，则可以提高教学理论水平。以上这些的实现需要体育教师经常与同行交流探讨，一方面及时发现体育教学中存在的问题，另一方面商讨解决的办法。大部分高校体育教师经历过研究生阶段的学习、博士阶段的深造，甚至博士后阶段的训练，具备学术研究能力。但是不少人忽略了自己对于体育教学的反思，只是了解了一些表面的内容。体育教师要想对体育教学学术有深入认识，就需要提高自身的反思探究能力和基本素养。

因此，体育教师应该将自己的反思探究能力及素养运用到体育教学中去，在体育教学过程中注重反思，提升自身的教学学术能力，促进高校体育教学水平的提升。

2. 知识拓展策略

(1) 组建体育教师专业学习共同体

"学习共同体"是指由学习者及其辅助教师、专家等共同构成的学习团体，众人通过资源共享，合作完成某一特定任务并互相成就。高校体育教师专业学习共同体，则是指由体育教师以及专家共同构成的学习团体，众人以互动性学习为主，经过探讨学习，互相进步。在传统体育教学中，教师、学生同时在一个教室中参与教学活动，彼此之间可以很方便地面对面的交流，自然而然地形成学习共同体。而当今时代高校体育教学活动是多变的和烦琐的，且随着时代的发展，体育教师面临的环境日益复杂，因此，建设学习社区，提供敞亮、干净、合作的教学学术沟通平台，将在无形中促进高校体育教师之间形成"同成长、共发展"的学习共同体。高校体育教师之间可以尽情分享，互相促进。每位体育教师依托专业学习共同体，可以获得更全面的知识体验。因此，构建体育教师专业学习共同体是对高校体育教师教学学术意愿的激发，是对教学学术素养与潜能的挖掘以及对全身心投入教学实践的激励。

(2) 拓宽体育教师教育教学培训内容

据了解，多数高校体育教师教育教学培训的内容较为单一，仅仅是对如何教学以及如何与学生相处等简单内容进行培训，并未对教育教学内容进行深入培训，有的培训甚至只是走走过场，造成部分高校体育教师对教育教学内容了解甚少，未能充分发挥教师作用。高校体育教师需熟悉体育学科的专业知识和相关学科的教学知识。因此，高校体育教师教育教学培训内容应当增加教育教学的相关知识理论，如心理学的一些基本常识，以便体育教师在入职后能迅速适应身份的转变。

在教育教学培训中，体育教师除了要不断学习体育学科的专业知识外，还需要学习与教育教学有关的理论。高校体育教师教学学术必须注重目的性、针对性、系统性，如果教育教学培训缺乏与教学学术有关的课程，高校体育教师有可能会因为能力和理论层次低而处于落后地位。知识在不断更新，高校体育教师要想自身教学学术理念得到不断发展，只有经过不断地更新观念，学习新知识，熟练掌握本专业知识，拓宽学习内容，保持学习的观念，才能得以实现。

(3) 丰富体育教师教育教学培训形式

具有渊博的教育教学专业知识对体育教师的自身持续性发展非常关键。高校体育教师"高学历≠高教学水平"的现实也证明，优秀的体育教师应当实现专业发展和教学发展的平衡，即不仅要实现学科专业知识和能力的提升，还要加强教育教学知识的丰富和完善，并达到二者的有效融合。为实现此目标，高校需要增加对体育教师教育教学知识的培训，并丰富培训的形式。如果培训内容和形式过于单一、局限，就容易使体育教师形成固定思维，因此，在培训内容和形式上需要有所变化，增添新颖和有特色的体育教学学术内容，挑选有趣的培训形式，以更好地指导体育教学实践。培训内容立足于满足高校体育教师的多元化需求及符合自身发展的特色条件，形式包括举办高校体育教学研讨会等。之所以如此重视培训内容及培训形式，是因为系统、专业、丰富的培训能够激励高校体育教师自主研究体育教学学术，激发体育教师开展教学实践的积极性和主动性，促进高校体育教师教学学术能力的发展。

(4)关注体育教学学术前沿问题研究

体育教学学术前沿问题是指世界体育教学学术领域目前研究的热点问题和今后的研究方向。高等教育管理者和高校体育教师需要不断关注体育教学学术前沿问题，并对目前存在的教学问题，以及今后的研究方向深入探究。从现有的研究成果看，虽然人们对体育教学学术的研究小有成效，但是由于对其内涵、构成和标准等还存在些许争论，因此，这些基本理论问题仍需深入探究。

高校体育教师应关注体育教学学术的前沿问题，及时了解相关研究成果。如果体育教师拥有牢固的专业知识以及丰富的教育教学理论知识，则可以极大地推动体育教学学术研究。高校体育教师学科专业知识的积累与发展需要时刻关注体育教学学术的发展动态，这样才能不断更新和丰富自己的学科专业知识。多年以来，一些高校体育教师的课堂内容、教学方法以及教学计划几乎没有变化，更没有与时俱进，导致专业学科知识与能力以及教学学术能力慢慢衰退而体育教学学术得不到更新与丰富，也就没有高水平的体育教学。因此，关注体育教师教学学术前沿问题有利于高校体育教师教学学术能力的发展与提高，并可进一步促进高校体育教师学术素养的提升。

3. 组织支持策略

(1)强化体育教研室的学术职能

体育教研室是按照体育的各个专业或课程设置的教学研究组织。体育教研室的学术职能是完成学校的科研任务、组织学术活动等。体育教研室的成立，提供了体育教师成长的空间。体育教研室是让体育教师将内在的教学需要释放并得以共享的舞台。

理论上，高校体育教研室是一种知识群落。知识具有互动性和交流性，高校体育教师这个群体在一个动态交流的环境中更容易获得体育教学研究的灵感，推进体育教学发展。实践中，高校体育教研室是体育管理机构的最底层，虽然高校体育教研室的工作职能主要是研究体育教学，但实际只是"中间人"，负责专门完成学校布置的各项工作任务。因此，它无法完美地处理高校体育教师碰到的各种情况。

高校需要强化体育教研室的学术职能，为高校体育教师提供深入交谈的机会，增强体育教师反思能力，提高体育教师教学学术能力，使体育教师的体育教学观念以及知识技能全面提升。

(2)培育体育教师教学学术共同体

高校体育教师教学学术共同体的培育有利于打破学科、院系之间的壁垒。体育教师教学学术要想获得认可并走向制度化，变成影响高校体育教师发展的专业基础，需要依靠教学学术共同体的建设。

高校应以体育教研室、实验室等为基础，构建体育教师教学学术共同体。进一步来说，体育教研室、实验室实际上只是高校体育教师教学学术共同体的初始形式，高校同时可采用创办高校体育教师教学学术学会或期刊、开展学术研讨会等形式，为高校体育教师提供展现体育教学研究成果、交流体育教学思想的机会，促进体育教学公共性的提升，使体育教学真正成为一种"公共财富"。体育教师教学学术共同体的构建，赋予了体育教学全新的内涵与意义，在体育教学与科研之间架起了一座桥梁，缓解了体育教学与科研的对立与矛盾，能够促进体育教师对教学的反思，提升体育教师教学学术水平。

(3) 搭建体育教学学术成果的展示平台

由于当前高校已经建立或正在探索开发网上课程，传统的体育教学方式也发生了一些变化，因此搭建体育教学学术成果的展示平台变得很重要。当前体育教师缺少合适而便捷的途径将教学学术成果分享给更多的同行，希望在教学学术上有所发展的体育教师也较难获得有价值的参考资料。因此，高校应该为体育教师搭建广阔的体育教学学术分享与传播平台，如网上公开课等。

高校通过运用大数据等技术，能够很容易地展示体育教学学术成果，让更多的体育教师分享优异的成果。构建高校体育教师教学成果展示平台，有利于高校体育教师记录自己的成长历程，看到自身的进步，从而增强成功体验，增强投入体育教学的内在动机。

此外，利用高校的出版社、校刊、校网等渠道体育教师也可以交流、分享体育教学学术成果。

(4) 开展基于教学学术能力的体育教研活动

体育教研活动是指体育教师就教学过程中遇到的问题和困难向他人进行探讨研究的过程。有效的体育教研活动可以实现有效沟通，使参与者了解和学习学科前沿知识，提高课堂效率。大部分体育教师缺乏的是将理念转化为行为的方法和策略，要想解决此类问题，有必要开展体育教研活动，让高校体育教师通过向有经验的体育教师取经的方式来学习如何教学，清晰准确地界定问题。体育教研活动意味着将体育教学实践和科学研究进行整合，并于其中产生学术性成果，这是一个由体育教师通过系统观察和调查的持续、渐进的智力探索过程。

高校体育教师还可通过撰写教学研究备忘录、定期开展教学总结、形成体育教学学术报告或论文等形式与同行分享、交流，或者与专业体育教学研究者开展合作研究，集思广益，从而提高教学能力和学术能力。

(5) 推动体育教师跨学科教学学术交流与合作

跨学科是通过整合自身资源(A学科)的某一特征，将自身资源(A学科)与其他表面看起来不相干的资源(B学科)进行随机搭配。这个名词意味着教育界的又一次改革初露端倪，那就是学科融合。教学学术的跨学科交流与合作可推进体育教师不断去学习新的知识和技能，在体育教师与其他学科教师交流过程中，新的教学火花会出现在体育教师和其他学科教师之间，这不仅会拓宽体育教师的眼界，而且会提升其他学科教师的综合水平。教学学术只有通过交流与合作才能为人们所用，交流与合作是教学学术发展的必要过程。高校要建立并完善教学学术交流制度，不断鼓励体育教师参加各类教学学术交流活动，鼓励体育教师了解体育教学改革的最新动态和趋势。体育教师在了解本学科新的理念、跨学科新的发展动向的基础上，对所涉及的其他学科知识参与整合、系统集成，最终将知识融入体育学科，这是一个复杂的过程，需要体育教师付出努力才能完成。

因此，跨学科教学学术交流与合作，需要体育教师对跨学科的知识以及素材有着敏锐的感知意识，有着充满情感与理智的领悟能力，如此才能推动学科发展，达到提高高校体育教师教学学术能力的目的。

4. 制度保障策略

(1) 建立全面多元的体育教师学术评价制度

对高校体育教师，教学是第一任务，但在目前的体育教师学术评价制度中，是以论文发表数量、教学职称等来评定高校体育教师的学术能力的，长此以往，体育教师便会为了其他的目的来进行学术研究，这将会影响体育教学的质量。因此，高校体育教学不仅要评估体育教师的课程研究情况，还要评估体育教师的教学质量。

高校应建立全面多元的体育教师学术评价制度，使体育教学学术成果与科学研究成果具有同样的价值。而且，体育教学学术属于跨学科的研究，从事体育教学学术研究的教师需要具备多样的知识基础与综合能力。因而，可以不对体育教师做出教学与科研的划分，以避免割裂体育教学与科研两者的关系。高校在对体育教师进行评价的时候，应引导不同领域的教师共同学习与合作，发挥体育教师整体的潜能。全面多元的体育教师学术评价制度，将有效推动体育教师教学学术能力的发展，解决教学与科研之间的矛盾。

(2) 构建合理的体育教师教学学术能力评价制度

从目前的评价方式看，大部分高校仍然是重研轻教。今后，高校需扩大学术评价的范围，构建合理的体育教师教学学术能力评价制度，在学术评价的标准和制度中充分肯定教学学术，对学术评价标准进行细化，使高校体育教学学术评价逐步合理。新的评价体系应突出体育教学学术的特点，让大家觉得体育教学学术这一理念值得认可和拥有一定的地位。现实中，体育教学效果有时难以量化，且每个体育教师的教学风格各不相同，科学研究能力和结果也不相同，对于这些情况，单一的教学学术评价标准不能满足体育教师教学学术发展的需要，需要更加精准、多元化。在体育教师教学学术能力评价制度中，不仅要评价体育教师在体育教学中的表现，而且要评价学生的情况；不仅要采纳学生的意见，还要结合体育教育工作者全方位的观察，评价对体育教师的教学过程；此外，要尽快将评价情况告知体育教师本人，促使其改进体育教学，提升教学质量。高校体育教学以评价体系为导向，评价制度的保障是重要的教学优化措施。高校体育教师教学学术能力评价制度作为一种新的评价制度，以教学学术观为统领，构建分类、分阶段、多元主体、多种形式的体育教师教学评价体系，以制度的方式保障了体育教学的中心地位。

(3)完善体育教师教学知识和能力的培训制度

教育教学知识是关于教育教学的基础理论知识和方法。高校体育教师应在学习教育教学知识的基础上，将其应用于实践，指导自己的教学活动，达到理论指导实践、实践促进理论的良性循环。高校体育教师要想掌握扎实的教学理论知识，丰富的学科知识，需长期不断地积累和总结，并以开阔的胸襟吸收相关研究成果，从而提升自身的教学学术水平。高校体育教师的职业特性决定了其需要储备深厚的学科知识和具备一定的教学能力，参加此方面内容的培训，可以帮助其走向成熟。

一般而言，体育教师在接受由浅入深的教学知识和能力的培训的同时，也会受到来自其他体育教师的教学风格、教学方式等多方面的熏陶，在潜移默化中积累教学知识。而教学知识和能力是教学学术能力的重要基础——研究工作离不开教学，教学又离不开教学知识和能力作为支撑。

对体育教师的教学知识和能力的培训应在科学教育理论的指导下进行。体育教师需要在培训过程中不断反思与总结，并向其他体育教师学习，在培训中提升自身教学学术能力。

(4)建立体育教师教学学术的激励机制

高校体育教师教学学术激励机制与职称晋升、学术资源分配等密切相关。如果能充分利用好激励制度，那么就可以提升体育教师参与学术活动的积极性，提高体育教师对于教学学术的兴趣，增加体育教师之间的交流探讨。

相关部门及高校在制定激励制度时，应注意以增加高校体育教师教学学术成果为导向，让擅长体育教学的教师在评定职称等项目上有一定的话语权，并怀抱希望，不至于对自己热爱的行业失去兴趣。

第七章　现代体育教学方法体系的创新发展

第一节　常见体育教学方法及科学选用

一、常见体育教学方法分析

(一)语言教学法

1. 讲解法

作为一种基础的语言教学方法，讲解法在体育教学过程中的运用最多，最广泛。几乎整个体育教学过程中都会运用到语言讲解的教学方法。体育教学中，教师通过语言描述的方式向学生说明教学的任务、内容、要求、动作名称、动作要领等，以达到预期教学效果的方法就是所谓的讲解法。这种教学方法一般在体育教学的初期具有非常重要的作用。在初步学习技术动作时，体育教师需要先通过讲解法向学生描述这一技术的基本动作和难点要点，使学生对该动作技术形成一个初步的认识和了解，从而为进一步的学习与练习奠定一定的基础。教师在对讲解法进行运用时，要对该方法的科学性和艺术性特点予以一定的重视，以促进该方法运用效果及整个教学效果的提高。教师应在教学过程中不断进行经验的总结，在语言表达上要做到精益求精。

体育教师在运用讲解法进行教学的过程中，应注意三个方面的要点。

(1)要有目的地讲解，在选择讲解内容、方式，调整讲解语气、速度时，应依据学生的特点、教学的目标和教学内容进行，抓住讲解的重点和难点。

(2)注意所讲解的理论知识要准确、权威,所讲解的技术内容要与技术原理相符,并充分考虑学生的接受能力。

(3)讲解的方式和广度要以学生的实际情况为依据来调整。

2. 口令法

有确定的内容和一定的顺序与形式,并以命令的方式对学生活动进行指导的一种语言教学方式,即为口令法。在体育教学活动中,对口令法进行运用一般出现在队列练习、队形练习、基本体操、队伍调动等活动中。在具体运用中,教师应准确、清晰、洪亮、及时地发出口令,并注意以人数、形式、内容、对象等特点出发,控制自己的语调语速。

3. 指示法

体育教师通过简明的语言指导学生活动的语言教学方法,即为指示法。教师在对指示法进行运用时,应注意做到准确、简洁、及时等几方面的要求,且尽量用正面词。指示法主要有以下两种运用形式。

(1)在学生练习时未能意识到的、关键的动作中运用。

(2)在组织教学中运用,如场地布置、器材收拾等。

4. 口头评价

体育教师在一定的标准和要求下,对学生的练习或比赛进行一定客观评价的方法,即口头评价教学法。教师对学生掌握运动技能和思想作风等方面的情况所做出的反馈集中通过口头评价反映出来,通常在学生结束练习后马上进行指导或提出新要求。因为,学生一般对动作的记忆大多是在大脑皮层的短时间储存,超过25~30秒就会消退25%~30%。因此,教师的口头评价最好在学生完成动作后的25~30秒内采用,效果更好。

(二)直观教学法

体育教学中,教师通过实际的演示或外力帮助,借助学生的视觉、听觉、触觉、肌肉本体感觉等器官,对动作进行直接感知的教学方法,即直观教学法。一般将体育教学中常用的直观教学法细分为以下几种具体方法。

1. 动作示范法

体育教学中,教师为帮助学生对技术动作进行认识和了解,经常使用动作示范法。具体就是教师以具体动作为范例，帮助学生对动作规范、结构、要领和方法直观的掌握。学生通过观看教师正确优美的动作示范，建立正确的动作表象，学习的兴趣也会因此而提高。

教师在运用直观教学法进行教学的过程中，应着重注意四个方面。

(1) 教师在示范时，不要一味展示自己的技术水平，要明确示范是要达到什么目标，要使学生从中获取什么信息，要考虑如何示范才更容易使学生更清楚动作要点。

(2) 注意对动作示范位置与方向的选择。教师要先让学生按照一定的队形排列，然后根据该队形的特点来选择示范的位置与方向，教师进行这一选择的关键就是要让全体学生都能观察到自己的动作示范。

(3) 教师的示范动作要准确、熟练、轻快、优美，从而激发学生的学习兴趣。

(4) 示范的过程中，配合语言讲解。因为如果单纯示范，学生不容易对其中的要点进行把握，这时就需要教师通过语言讲解来提醒学生哪些是重点，哪些是容易出错的地方。

2. 多媒体教学法

随着现代化技术的不断进步与发展，越来越多的现代化技术逐渐被运用到了体育教学中来。多媒体教学法就是在此环境中被广泛运用的，它是教师通过给学生播放幻灯片、投影、电影、电视、录像等进行教学的方法，这种教学方法的主要特点与优势就是生动、形象、真实。

在运用多媒体教学法的过程中，教师应注意在综合考虑教学目标及学生特点的基础上选择适宜的电视、电影、录像等内容来播放。如果将电视、电影、录像等的播放与讲解示范练习有机结合，将会收到更好的教学效果。边播放边讲解，或适当停顿讲解，学生可以获得直接的思维感受。

3. 条件诱导法

以某种条件为诱因，同时与体会动作相联系，达到直观作用的方法就是所谓的条件诱导法。例如，长跑项目教学中安排一名领跑员，不仅有利于形成长跑中的一种带领性的速度感，而且对队友间的相互保护也有利，牵引性的助力和对抗，限制性的阻力，能较快地使学生对完成动作的时间感与空间感进行建立。

此外，为了使某些动作能够更加富有节奏感，就通过采用音乐伴奏或借助节拍器的音响达成这个目的。

4. 直观教具与模型演示

教师在体育教学中难免会用到一些教具和模型进行辅助性的教学，这些教具与模型都是具有直观性特征的，如挂图、图表、照片等，通过这些用具讲解教学内容，有利于帮助学生建立正确、完整的动作表象。

教师不仅可以采用教具让学生长时间地观摩，还可根据情况对某个细微的环节进行突出的强调，因此教师应将图表、模型和照片等直观教具充分利用起来。采用教具与模型演示方法对于帮助学生直观了解技术动作的全过程非常有效。此外，教具、模型的演示还可以吸引学生的兴趣与注意力，从而提高教学效率。

5. 助力与阻力教学法

在体育教学过程中，体育教师借助外力使学生通过触觉和肌肉的本体感觉对正确的动作用力时机、用力大小、用力方向、动作时空特征等进行体验的教学方法就是助力与阻力教学法。

体育动作的技术教学环节一般会比较多地采用助力与阻力教学法，这是一种能够帮助学生对正确技术动作有效掌握的直观教学方法。

6. 领先与定向教学法

(1) 领先教学法

教师通过对具体的动态视觉信号加以利用，来给学生提供相关指示的教学方法，即为领先教学法。例如，在体育教学过程中，教师可以利用动态的、超前的视觉信号，给学生施加相应的刺激与激励，帮助学生将技术动作顺利完成。

(2) 定向教学法

教师通过具体的静态视觉标准的利用给学生提供相关指示的教学方法就是定向教学法。例如，在体育教学中，教师为了向学生指示动作的具体方向、轨迹、幅度等，对标志物、标志线、标志点等进行合理的运用。

(三) 分解教学法

体育教师在教学中，将完整的动作技术合理地分解成几个部分与段落，将动作的各部分逐个教授给学生，在学生对各部分动作都熟悉后，再完整地向学生教授整个动作技术的教学方法即为分解教学法。把动作技术的难度相对降低，便于学生掌握教学重难点，便于突出教学重难点,从而提高学生的学习自信是这种教学方法的主要优点。学生难以对完整动作进行领会,有可能只是单独掌握一些局部和分解动作是这一教学方法的不足之处。

运用分解教学法时,应注意以下几点。

(1)体育教师要采取相对合理的分解方式分解动作,具体应根据动作技术的特点进行。

(2)体育教师对动作技术的段落与部分进行划分时,还要考虑各部分之间以及各段落之间的有机联系,尽可能保持动作结构的完整性。

(3)对于完整动作中各部分与各段落的地位与作用,体育教师应有所明确,并为最后的动作组合做好准备。

(四)完整教学法

完整教学法是体育教师在教学过程中从开始到结束不分解动作,完整地对动作进行传授的教学方法。它主要可用于几个方面的教学中。

首先,动作结构较为简单,对于协调性没有过高要求,方向线路变化较少的技术教学。

其次,动作虽较为复杂,但各部分间密切联系,不宜对其进行分解的技术教学。

最后,虽然动作较为复杂,但学生储备了足够的运动能力,拥有较强的运动学习能力。

用于不宜分解的动作时,容易给教学造成不良影响,这是完整教学法的不足之处。

具体的体育教学实践中,完整教学法的运用主要有几个方面的注意事项。

1. 直接运用

在教授一些较为简单、容易掌握的动作时,教师讲解与示范后,指导学生直接练习完整动作。

2. 从教学重点进行突破

例如,体操或跳水运动中有一些空中翻腾动作,教师虽然不能对其分解,但对于其中的动力、动作时机和动作要领等要素,教师还是可以进行一一分析的,教师所用辅助的方法使学生体会动作感觉,并进行重点的练习。

3. 降低难度

在完整练习时,减轻投掷器械的重量,跳高横竿的高度,跑的距离与速度或徒手完成一些本来持器械的完整动作等。

(五)程序教学法

程序教学法也称为"学导式教学法"或"小步子教学法"。它是以认知规律和技能形成规律为依据，将体育教学内容分解成为若干小步子(相互联系)，使之组成方便学生学习的逻辑序列，并且对相应的评价信息反馈系统进行建立的教学方法。在教学过程中，学生按照分解后的小步子逐步学习，在学习后进行及时的评价，并依据评价的结果对学习效果进行即时的反馈。如果评价后发现达到了预定的标准，则按顺序进行下一步的学习；如果没有达到预期标准，则重新学习该小步子，并予以校正。程序教学法的整体，模式如图7-1所示。

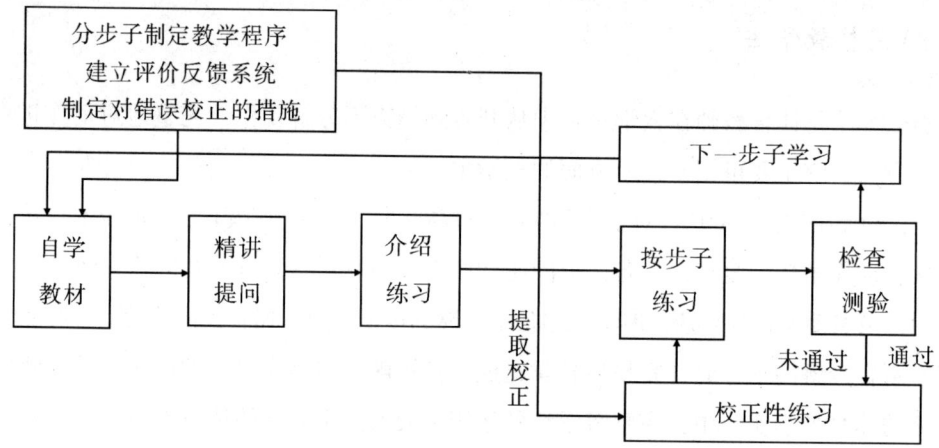

图7-1　程序教学法的整体模式

(六)预防与纠正错误教学法

在体育教学过程中，学生因为各种原因而产生这样或那样的错误动作是在所难免的。如果没有将这些错误动作及时发现和纠正，学生错误的动力定形就很容易形成，从而对其掌握正确的技术动作和技术水平的提高造成消极的影响，更严重的还会造成运动损伤。因此，在体育教学中，教师必须采取积极有效的措施，对学生所出现的一些错误动作进行预防和纠正。

体育教学中运用预防和纠正错误教学法主要有以下几种常见的形式。

1. 降低难度

在体育教学过程中，学生体能素质较低、心理紧张、认识不足等原因都会导致动作的错误。对此，教师可通过降低动作难度来避免这一现象的发生。具体来说，教师可采用改变练习条件，分解完成动作等方式调整技术动作的难度。降低难度使学生将技术动作轻松地完成，从而促进其自信心的增强。

2. 外力帮助

学生感受正确动作的方法即为外力帮助法。在体育教学课上，如果学生在学习动作时对用力的部位、大小、方向以及幅度等不清楚，就很容易做出错误的动作，这时教师可通过对推、拉、托、顶、送、挡等外力的运用帮助学生对正确动作的本体感觉加以体会，最终达到纠正错误的效果。

3. 强化概念

在学习过程中，学生正确理解概念可以有效促进其在大脑中形成正确的动作形象。教师在体育教学实践过程中，应注意通过采用讲解、示范、对比等方法促进学生正确动作概念的不断强化，促使学生正确动作表象的顺利形成，使学生对正确与错误动作的差异和区别有所明确，使学生主动避免错误或及时纠正错误。

4. 转移练习

在体育学习中，学生的恐惧、焦虑心理或受旧运动技能的影响也会使其出现错误动作。针对这种情况，教师应及时转移学生的练习，通过采取变换练习内容的方法，利用一些诱导性和辅助性的练习，促使学生摆脱已经形成的错误动作定式，进而促进正确的动作定式的形成。

5. 信号提示

信号提示指的是学生在学习与训练技术动作的过程中，由于用力时间或用力方向不当而表现出错误的动作时，教师及时给予信号指示，帮助学生改正错误动作。听觉信号、口头信号、视觉信号等都是教师具体采用的信号提示方法。此外，标志线、标志点、标志物等也有利于帮助学生对错误动作的预防与纠正。

二、体育教学方法的科学选用

(一)体育教学方法的合理选择

1. 体育教学方法合理选择的参考依据

(1)依据体育教学目标进行选择

体育教学目标具有多层次性的特征，具体体现在身体发展目标、知识发展目标、技能发展目标、社会发展目标以及情感发展目标等方面。为了促进这些不同层次教学目标的实现，教师采用不同的教学方法。在体育教学中教学目标并不是孤立的，它是多种目标的综合，而每一单元、每一堂课目标的侧重点是不同的。所以，在教学过程中，教师应以具体的课堂教学目标为依据合理选择重点发展某一方面的教学方法。体育教学总目标是通过一个个课时教学目标的逐步实现而最终实现的。课时教学目标具有一定的指导性，而且其包含着丰富的内容，既有运动技能和运动理论方面的内容，也有心理和品质品格方面的内容，针对这些不同内容的教学目标，教师应选择与之相适应的科学教学方法进行具体的教学。

(2)依据体育教材内容进行选择

体育教学内容与教学方法之间密切联系，针对不同的教学内容，应采用不同的教学方法，如对于理论方面的内容，适合采用语言教学法，对于实践方面的内容，适合采用直观示范教学方法。可见对教学方法的选择受不同性质的体育教学内容的影响。同一种教学方法运用于不同教学内容上会产生不同的效果。所以，在体育教学过程中，教师应注意对教学方法的灵活选择。

(3)依据教师的自身条件进行选择

作为体育教学方法的实施者，体育教师自身的素质对于教学效果与质量具有直接的且非常重要的影响。倘若体育教师自身的能力和素质水平较低，则其难以将体育教学方法应有的作用很好地发挥出来，从而制约教学活动的顺利进行。因此，教师在选择相应的教学活动时，应对自身的专业素养、能力水平以及教法特点有客观的理解。

一般而言，体育教师需要对众多的教学方法有熟练掌握，才可以从自身以及学生的实际情况出发选择最佳的教学方法。不同教师根据学生实际状况采取同样的教学方法，也会得到不同的教学效果，可见教师自身条件极大地影响着体育教学活动。所以，教师要有意识地提高自身的素质，优化自己的教学风格，对更多的教学方法加以尝试与熟练运用。

(4)依据学生的实际情况进行选择

在体育教学过程中，教学方法的实施主要是以学生为对象的，促进学生更好地学习是运用各种不同教学方法的最终目的。因此，在选择相应的体育教学方法时，应与学生特点及其实际情况(年龄特点、性别特征、身心发育状况以及相应的知识储备和学习能力等)相符合。

(5)依据体育教学物质条件进行选择

在体育教学活动中，体育教学物质条件对教学方法的选用有很大程度的影响。学校的体育教学器材、场地以及设施等都属于教学条件的范畴。倘若学校拥有全面且先进的教学条件，那么体育教学方法的功能与作用就可以得到良好的发挥。相反，倘若教学条件落后且不全面，则会直接影响体育教学方法的作用与价值的充分发挥。

例如，背越式跳高的教学中，采用海绵块练习的效果要优于采用沙坑练习，主要是因为海绵块相对较为干净，比较安全，学生在海绵上练习不会有很大的心理负担，而且神经系统兴奋性会处于较高的水平。在体育馆内进行体育教学，能够避免受到周围环境的影响，能够促进体育教学方法使用效果的提高。对现代化体育教学手段的充分运用，能够使教师动作示范中的某些缺陷得到有效的弥补，从而促进体育教学质量的提高。所以，体育教师在对教学方法做出选择时，要充分考虑体育教学物质条件。

(6) 依据不同体育教学方法的功能与适用条件进行选择

不同的体育教学方法拥有不同的特点、功能、适用条件与范围，而且不同的教学方法都具有自身的优点与不足。在体育教学活动中，各要素组合的合理性对体育教学方法的作用与价值的充分发挥具有非常重要的影响。有时，一种教学方法可能适合在某个体育项目的教学中采用，而且效果良好，但不适宜在其他项目的教学中采用，而且会产生制约教学活动顺利开展的影响。同样的道理，对于某一教学内容的教学，有些教学方法是合理且能够产生正效应的，而有些就会产生相反的作用。

例如，谈话法是对新知识进行传授的主要方法，这一方法使用的前提与基础是教学对象已有知识与心理方面的准备，倘若没有做好准备，采用这一方法所预期的理想的效果就不会出现。讲授法能够将大量的系统知识在短期内传授给学生，有利于体育教师主导性的发挥。然而，学生的主动性与创新性在这一方法的运用中是难以得到充分发挥的。所以，体育教师在选择教学方法时，对于不同教学方法的功能、应用范围和条件等，一定要进行认真的考虑与分析。

2. 体育教学方法合理选择的注意事项

(1) 加强师生之间的协调配合

在体育教学过程中，为了实现预期的教学目标，教师和学生必须有默契的配合。体育教学活动中，没有"教"的"学"和没有"学"的"教"都是不存在的。因此，无论采用何种教学方法，都应考虑"如何教"和"如何学"。

在传统体育教学中，一味以教师为中心，选用教学方法也只对教师"如何教"的问题比较重视，而直接忽略了学生在教学过程中的作用。例如，教师在示范动作时，只对动作的优美和协调性比较重视，而没有考虑学生的感受，从而使得学生的学习效果不佳，影响教学质量。

因此，体育教学方法的选择应注意考虑师生双方的默契配合，避免两者相脱节。

(2) 加强不同学习阶段的前后配合

学生在体育教学过程中，不同的学习阶段会有不同的学习特点产生。教师选择体育教学方法应对学生学习知识的不同阶段的前后配合予以考虑。例如，在学生的动作学习过程中，教师应注重指导学生从"模仿型"向"创造型"过渡，并实现二者的有机结合。

学生的学习过程也是对学习内容不断了解与掌握的过程。在初步学习阶段，往往以模仿（模仿教师或他人）学习为主，之后，学生就会形成动作定式而完全摆脱模仿，从"模仿型"过渡到了"创造型"。这两个阶段之间具有一定的联系，又相互区别。因此，在选用教学方法时，应有意识地使二者之间的互相代替、割裂得到有效避免。

(3) 加强学生内部与外部活动的配合

学生的学习过程是内部活动和外部活动的统一。学生的心理活动以及相应的生理生化反应等属于内部活动；学生的动作质量、情绪、注意力等属于外部活动表现。

教师在选择相应的体育教学方法时，应注重学生内部活动与外部活动之间的配合。教师应善于分析学生的内外活动变化，有机结合指导学生外部活动的方法与激发学生内部活动的教学方法，以使学生能够自觉地进行体育学习。

在体育教学方法的选择过程中，教师还应对多种教学方法对比与分析，从而将最佳的教学方法确定下来。此外，对于不同的教学方法适用于哪些教学内容，可以解决什么教学问题，能够对什么教学对象起到积极作用等，都是体育教师需要考虑的问题。

(二) 体育教学方法的科学运用

1. 体育教学方法的优化组合运用

(1) 优化组合运用的原则

①启发性原则

不管是采用哪一种形式的教学方法，都应该考虑其是否有利于调动学生的学习积极性和主动性，是否可以促进学生进行积极的思考与自主的探索，是否可以促进学生各方面素质的全面提高。在体育教学活动中，对教学方法的优化组合还要注重对学生学习兴趣和动机的培养，从而使学生的自主思维得到充分的发挥。

②最优性原则

教学方法不同，其自然就具有不同的特点、功能和应用范围，而且各自的优势与不足也有差异。因此，在对教学方法进行组合运用时，不同体系的综合教学方法会因此而形成，每一套教学方法的特点也各不相同。对此，教师在进行体育教学方法的优化组合时，应以实际需要为依据，选择最符合实际情况的一套教学方法。教师在教学方法的选择中，应从整体入手，将各种适应相关教学内容的教学方法进行有机的结合，从而将教学方法体系的整体功能充分发挥出来。

③统一性原则

统一性原则要求教师在选择相应的教学方法时，应注重"教"与"学"双边活动的统一，并强调二者的密切结合与相互促进。如果只重视其中的一项活动，则难以使教学活动达到预期的开展目标。另外，贯彻统一性原则还要求体育教师在教学过程中尽可能地将教学方法的多种功能充分发挥出来，从而全面促进学生各方面素质的提高。

(2)优化组合的程序

①将体育教学的任务进一步明确。

②根据实际情况将总体设想提出来。

③对多种体育教学方法加以优化组合。

④对优化组合的教学方法加以实施与评价。

2. 体育教学方法运用的注意事项

(1)全面考虑影响体育教学方法运用效果的因素

体育教师在对体育教学方法进行科学运用时，为了促进教学效果的加强，应全面分析对教学方法运用效果产生影响的各方面因素。具体涉及的因素有教师自身、学生以及教学条件与环境。

在体育教学过程中，体育教师自身的知识储备、人格魅力以及教学技艺等会对教学方法的运用效果产生不同程度的影响。所以，全面提高教师的素养对于教学方法使用效果的提高非常有益。

体育教学是教师与学生共同参与的活动，学生因素对于教学方法运用的效果同样也会产生举足轻重的影响。因此，教师应注重鼓励学生主观能动性的发挥。

除教师和学生两方面的影响因素外，体育教学的物质条件和环境也会对体育教学方法的运用效果产生一定程度的影响。因此，体育教学中在强调教学主体因素的同时，要重视对良好教学条件的提供与教学环境的优化。

(2)注意体育教学方法有关理论的运用

体育教学的理论源于实践，但又高于实践。因此，在运用体育教学方法的过程中，教师不仅要注重实践方面的问题，还要重视在理论方面的积极探索。如果对相关理论的研究具片面性，那么体育教学的方法也会相应表现出片面的缺陷。因此，在体育教学实践中，对体育教学方法的相关理论基础进行探索，应综合考虑辩证唯物主义与唯物辩证法的基本观点；系统论原理；教育学、心理学有关学科理论知识、普通教学论和体育教学论等所有相关的内容。

总而言之，在体育教学过程中，教师应树立新的观念，运用新的理论指导体育教学工作，不断促进体育教学方法的改革与发展，将各种教学方法的效用充分发挥出来。

第二节 现代体育教学方法体系的构建

一、新体育教学方法体系构建的理论依据

"目标统领教材"是体育课程改革的突出特点，即以不同的教学目标为依据来对不同的体育教学内容进行选择。学校向学生传授的各种思想、知识、技巧、技能、言语、观点、信念、行为、习惯等的总和就是教学内容。本质上说，学生的学习过程就是将这些丰富的教学内容内化为自我发展成果的过程，这一过程体现了由外到内的转变，其不会自动完成，必须通过对教学方法的运用才能实现这一转变。

选择体育教学方法要因地、因时、因人而异，即以不同地区的实际情况、学生的身心发展特点等为依据确定体育教学方法，这是体育新课程标准的基本要求。以往的体育教学大纲虽然对教学目标、各年级教学内容比重及考核标准做出了明确的规定，但却将地区间、城乡间、学校间的差异忽视了，而且也没有将学生的体育基础、兴趣、爱好等因素考虑在内，从而在具体的教学过程中只重视采用教师的讲解与示范等单一的教学方法，学生"看体育"的负面效果因此而形成。

体育课程标准对课程目标、领域目标、内容标准做出了相应的规定，但没有限制具体内容、比重、成绩评定等。新课标以学习内容性质的不同为依据对5个学习领域进行了划分，不同领域都有相应的教学任务和教学内容。虽然有些领域中的内容并不具体，但能够在其他领域中对相关内容进行渗透和贯穿，形成"目标—内容"，即目标指导内容选择，内容选择达成目标的关系。与此同时，新课标还划分6级学习水平，并对相应的水平目标进行了设置，而且主要是以学生的身心发展特征为依据来划分的，从而将体育教学特殊的规律充分体现了出来。

此外，新课标不规定具体的学习内容，而是将达到目标的内容或活动建议提了出来，这样，学校选择的余地也很大，可以本校实际为依据合理选择教学内容，从而促进学习目标更好地实现。由此可见，新课程标准的5个领域，不仅是学校选择体育教学内容的主要

依据，同时也是体育教学自身规律的体现，也有效地指导体育教学方法的选择，促进"目标—内容—方法"教学范畴体系的形成。这样，不同地区、学校就拥有了选择符合本地区特点或本校特点的教学内容与方法的广阔空间。

二、基于新课标的体育教学方法体系的构建

学生学习方式的转变是体育新课程改革的基本特色，具体就是改变学生单纯接受式的学习方式，对发挥学生主体的学习方式进行建立，并对研究性学习进行积极的提倡。这一转变对于教师来说，要了解不同学生的情况，从而向学生提供不同的学习空间，同时还要考虑不同年龄学生的教学方法。新的课程标准必须要有新的方法体系与之相配套。体育教学需要以体育教学自身的规律为依据，并结合具体的教学内容去开展教学活动，以促进学习目标的顺利实现。因此，应以体育教学规律及为实现目标而选用的教学内容为依据，按课程标准划分的5个学习领域构建新的体育学习方法体系。

体育课程改革对5个学习领域目标作了重点强调，并在此基础上以学生不同的身心发展阶段为依据对6个不同的水平目标作了划分。在体育教学实践中，每节课都要以不同的目标要求为依据来选择教学内容，而每节课教学内容都要能够使5个领域的不同目标顺利实现。所以，各个领域目标都有不同的水平目标与之相对应，教师应当以不同的水平目标为依据来对所需要的教学方法进行合理选择与科学运用。

第三节 高校体育创新教学方法的发展

一、体育教学方法创新发展的原因

(一)科技进步促进了体育教学方法的创新

随着科学技术的迅速发展，人们的生活水平不断提高，生活质量得到了很大程度的优化。而且，科技的进步在体育教学领域也发挥了积极的影响，具体表现在其对体育教学方法产生的深远影响上。随着计算机技术的快速发展，其在体育教学中的普及性也在逐步提高，这就促进了体育教学中动作示范标准程度与科学程度的提高。而且，科技的进步使得

资料的搜集、整合更加便捷，学生在学习空间和时间方面受到的限制逐渐降低，实时的信息沟通逐步实现。通过运用计算机进行动作示范，可以从不同的侧面，以不同的速度，对不同部位的动作进行细致的分析和研究，使传统的讲解示范等方法更好地发挥自身的作用。

(二)体育教学内容的变革促进了教学方法的变革

为了与时代的发展相适应，满足学生不断增长的体育需求，体育教学的内容也在不断改革与发展，这也直接促进了体育教学方法的变革。例如，随着定向运动和野外生存运动被引入到体育教学之中，使得体育教学活动的野外组织和教学方法得到了更加深入的开发。

(三)体育教学理论的发展促进了教学方法的改善

体育教学理论的发展对于体育教学方法的创新与进步具有积极的影响。在新的体育教学理论的科学指导下，体育教学方法的发展和创新速度逐步提高。传统体育教学过程中，对于体育运动技能的分析还不是很深入，并且针对同一运动项目的教学所采用的教学方法较为固定，甚至不同运动项目的教学中都采用同样的教学方法。可以说，不管面对什么样的教学内容和教学目标，都是以"以不变应万变"的态度来选用教学方法。然而随着有关专家对体育运动项目研究的不断深入，适合不同运动项目的体育教学方法也创造性地应运而生。

二、几种新型体育教学方法的分析

(一)探究教学法

在体育教学过程中，引导学生发现问题、分析问题，最终解决问题，使学生在探索、研究的过程中对知识和技能进行掌握的教学方法就是所谓的探究教学法。

探究教学法与现代教学教育理论对学生的要求更相符，也是新体育课程强调学生主体性理念的重要表现，因此在体育教学中日益受到教师与学生的高度重视。

运用探究教学法应注意以下几点。

(1)目的明确。教师在教学时应预先对研究计划进行确立，以便促进体育教学目标的顺利实现。目的不明确、与教学实际不符的探究活动，不仅会造成时间的浪费，还会对课程目标的实现造成妨碍。

(2) 与学生的知识水平相符。教师的教学必须以学生实际的知识能力水平为前提，教学内容太简单对于学生学习兴趣的激发是无益的；教学内容太难会使学生失去学习兴趣与信心。因此，体育教师在教学前很有必要对学生基础知识的掌握能力以及技能水平进行了解，引导学生进行力所能及的探究。

(3) 在教学过程中，针对学生通过努力仍然有一定解决难度的探究性问题，教师应加强对学生的引导、启发与鼓励，但不能代替学生进行探究活动。

(二) 游戏教学法

教师以游戏的方式，组织学生进行体育学习的方法就是游戏教学法。游戏教学法要在规则允许的范围内实施，目的是将学生的主动性和创造性充分调动起来，达到体育教材内容所规定的目标。游戏教学法使个人的主动性和创造性得到充分发挥，这种方法实施起来也较为简单，且非常容易被学生接受，也是最受学生欢迎的教学方法之一。

教师在学生个体之间展开游戏教学，也在学生学习小组之间展开游戏教学，通过创建游戏情境，使学生感受紧张的气氛，并从中学会如何合理竞争，如何与同伴相互协作。游戏教学法有助于促进学生学习兴趣与身体活动能力的提高，有利于促进学生身体素质的全面发展，使学生在愉悦的运动体验中，掌握相应技术的运用方法。

以下是体育教学中采用游戏教学法时需要注意的几个要点。

(1) 教师在明确体育教学目标后，要以此为依据来设置游戏的形式，对不同形式的游戏都应事先确定游戏的规则，从而使学生在参与游戏的过程中知道自己该做什么，不该做什么。

(2) 教师应在要求全体学生遵守规则的同时，对学生个体主动性和创造性的发挥进行积极的鼓励。

(3) 在体育教学中，教师运用游戏教学法时，学生个人的选择性与独立性较大，因此，教师在安排运动负荷与动作控制方面会受到很大的限制，对此应进行妥善的处理与解决，避免形成师生矛盾。

(三) 竞赛教学法

在体育教学中，检验教学效果和促进学生技能运用能力不断提高的教学方法即竞赛教学法。竞赛教学法也是一种对教学效果检查的一种有效手段。这种教学方法不仅能促进学生将自身机能最大限度地发挥出来，而且还能促进学生的比赛应变能力和比赛中心理调控能力的不断提高，更能对学生勇敢、灵活、团结、谦虚等意志品质进行有效的培养。学生在学习运动技术之初，教师不适宜采用竞赛的方法教学，只有经过一段时间的学习，学生能够将动作技术较为连贯且熟练地完成后，才能采用该方法。一般在竞赛活动后，教师要及时对学生的表现做出评价。

教师在运用竞赛教学法时，应着重注意几个方面。

(1)对竞赛教学法的目的加以明确。在运用竞赛教学法时，不论是对教学内容进行确定，对竞赛方式进行选择，还是对竞赛结果进行证实等，都要树立"服务于教学目标"的观念。

(2)竞赛教学法的运用要注意对学生合理的配对和分组。无论是个人与个人的比赛，还是小组与小组的比赛，都要注意双方实力的均衡，教师还应尽可能地对均衡的比赛条件进行创造。

(3)运用竞赛教学法时，教师一般在竞赛结束后需要对学生完成动作的质量予以客观评价，并向学生指出哪些地方应该改进，应如何改进。

(四)自主学习法

在体育教师的指导下，学生以自身的实际需要和现实条件为依据来制定目标、选择内容，将学习目标完成的体育学习模式就是自主学习法。教师应多为学生提供自主学习的机会，这有利于使学生的学习热情得到无限的激发，使学生的学习主动性得到最大限度的发挥，并使学生产生满足感与成就感，增加其学习的自信心。

体育教学中要按照以下程序来采用自主学习法。

(1)学生先制定自己的学习目标，学习目标要明确，不能空而大，要在自己的能力范围内能实现。

(2)学生根据目标选择学习方法。需要注意的是学生对学习方法的选择并不是盲目的，而是在对自己已有的经验和知识基础充分考虑的基础上选择的。

(3)学生完成一个阶段的学习之后，对照之前制定的目标，看自己是否完成了目标，完成质量如何，也就是自己对自己在这一阶段的学习状况做出评价。

(4)学生在自我评价后，清楚自己在学习中存在哪些不足，并为下一阶段的学习制定新的目标。

(五)合作学习法

体育教学中，学生在小组或者团队中，为促进共同学习目标的实现，有明确责任分工的互助性学习形式就是所谓的合作学习法。教师在指导学生合作学习时,要使学生意识到自己在小组或团队中的重要性,要明确自己的角色定位,这样才能激发其责任感。

体育教学中一般按照如下程序来实施合作学习法。

(1)教师对学生进行合理的分组。

(2)小组成员集体讨论并确定本组所要达到的学习目标。

(3)确定学习目标后,小组内再进行具体的分工,这一步需要教师的指导与帮助。

(4)小组各个成员明确自己的职责与任务,由小组长领导,相互协同合作来完成任务。

(5)结束小组学习活动后,每个小组派代表发言,谈谈自己的感受与心得,各个小组之间展开交流,共同进步。

三、体育教学方法的创新发展趋势

现代体育教学方法经过多年的改革与发展,已经形成了具有自身特色的教法体系。随着经济社会的不断发展,其仍处于不断的创新与发展中,并呈现出以下几方面的趋势。

(一)现代化趋势

现代教学方法的现代化发展过程中,体育教学的现代化十分明显。体育教学现代化的重要表现之一是教学设备的现代化,通过对先进技术手段的运用,使体育教师能够更好地开展教学活动,使学生可以更好地参与体育学习。而且,通过运用先进的现代化设备,教师可以对学生的身体素质有一个更加全面的了解,从而有针对性地对运动训练的负荷量进行安排。在教学管理方面,现代科技的运用可以为学生的学习和生活提供更加便捷的服务。随着现代社会的不断发展,体育教学的各项技术将得到一定程度的创新与发展,其教学方法也必然呈现出现代化的创新性发展趋势。

(二)心理学化趋势

在心理学中,学习是一个较为复杂的心理过程。在体育教学中,学生学习是一项既涉及知识记忆,同时还涉及动作技术记忆的复杂形式。随着心理学研究的不断深入,学习过程的各个要素与阶段开始被人们逐步认识,并且在具体的教学实践过程中,心理学的相关理论得到了一定的运用,并发挥了积极的作用。在体育教学方法的发展过程中,很多心理学的研究成果都得到了不同程度的应用,这对于促进体育教学质量的提高具有积极的影响。另外,体育教学方法的运用还肩负着提高学生的意志品质,发展学生的健康心理等培养目标，通过对相应的心理学知识进行采用，能够使体育教学方法在这些方面的目标得到顺利实现。

(三) 个性化与民主化趋势

现代体育教学方法正在逐渐向个性化、民主化的趋势发展。在传统体育教学过程中，强调教师的主体地位，在教学过程中只重视教师的教，教师组织教学活动也没有充分考虑学生个体之间的差异性。随着体育教学的深入改革与发展，社会越来越重视学生个性的发展，因此，体育教学方法的发展也必然呈现个性化的创新趋势。个性化的教学方法改革和创新不仅有利于学生的全面发展，而且有利于社会的进步。

体育教学方法的民主化发展也是大势所趋。随着体育教学过程中民主意识的崛起，民主化体育教学方法将得到进一步的重视与更加广泛的采用。

第八章 现代体育教学评价体系的建设与发展

随着基础教育课程改革的顺利推进,现代体育教学思想和体育教学模式都发生了深刻的变革,这些变革对建立与之相适应的体育教学评价体系提出了迫切的要求,因此,只有全方位地变革才能保证和促进我国体育教学的深入发展。本章就对现代体育教学评价体系的建设与发展进行研究,主要涉及四个方面的重要内容,即体育教学评价的基本知识、规划与落实、体系构建以及改革与发展。

第一节 体育教学评价概述

一、体育教学评价的概念与含义

(一)体育教学评价的概念

依据教学目标对教学过程及结果进行价值判断并服务于教学决策的活动即为教学评价。教学评价是研究教师的"教"和学生的"学"的价值的过程。

教学评价一般包括对教学过程中诸因素的评价,如教师、学生、教学内容、教学方法手段、教学环境、教学管理等,但对学生学习效果的评价和教师教学工作过程的评价是重点。

以体育教学目标与原则为依据,制定科学的标准,运用一切有效的技术手段,对体育教学活动的过程及其结果进行测定、衡量及价值判断的过程就是所谓的体育教学评价,对体育教师教的评价和对学生体育学习的评价是体育教学评价的两个重要方面。

(二)体育教学评价的含义

体育教学评价的概念包含三个基本含义。

1. 体育教学评价是以体育教学目标和体育教学原则为依据而开展的。体育教学目标是对体育教学"是否获得了预先设定的成果",是否完成任务进行评判的直接依据。体育教学原则是对教学"是否做得合理",是否合乎体育教学基本要求进行评判的主要依据。教学目标与教学原则都是具有客观性和规范性特征的。

2. 体育教学的过程和结果是体育教学评价的主要对象。学生的"学习"是体育教学评价的重点对象,具体包括学生的学习水平和品德行为;体育教学评价也对教师"教"的行为进行评价,具体包括教师的教学水平和师德行为。

3. 体育教学评价是价值判断和量评工作的过程。价值判断是定性评价,主要是评价教学方向的正误、教学方法是否恰当等;量评工作是定量评价,主要是对能够量化的学习效果,如身体素质的增长和技能掌握的数量等进行评价。

二、体育教学评价的目的

(一)选拔目的

体育教学评价的选拔目的指的是通过实施评价,对学生的体育学习潜力进行判断,从而选拔优秀的学生。以选拔为主要目的的教学评价,如为选择好的学生参加体育竞赛、为评选体育优秀学生等,要以选拔的要求和标准为依据开展具体的体育评价工作。在这种评价目的下,评价是带有选优性特点的,评价的目的并不面对全体学生,评价的目的有时也不是指向教学目标。因此,这种目的在体育教学评价中不是主要的评价。

(二)甄别目的

体育教学评价的甄别目的指的是,通过评价对学生的体育学习状况进行判断,对其成绩进行评定。这是以学籍管理的要求和标准为依据而进行的评价,主要为了对学生学习状态进行甄别,对学生成绩进行评定,如为学生体育标准的成绩评定进行的达标测验等;为期末成绩评定进行的体育考核等。在这种评价目的下,评价带有甄别和评比性,评价的对象面对所有学生,评价指向体育学习的效果和学习的态度,也部分地指向学生的体育基础,在体育教学评价中这种评价目的占有重要地位。

(三)发展目的

体育教学评价的发展目的指的是,通过评价对学生的体育学习问题进行分析,帮助学生学习上取得进步。这是以教学的要求和需要为依据而进行的评价,目的是发现和反馈学习中的问题。通过实施这一评价,对学生运动技能进步的困难和症结有一个清楚的认识,从而为促进其学习进步而采取有针对性的措施。这种评价目的是教学性的,面对全体学生的学习与发展,评价指向的是学生的学习难题和前进方向,这种评价目的在体育教学评价中非常重要。

(四)激励目的

体育教学评价的激励目的指的是通过评价,对学生的体育学习进步进行反馈,从而对学生的学习进行激励。这是以教学的要求和需要为依据而进行的评价,通过评价使学生发现自己的进步和进一步发展的潜力,从而使其获得学习的自信心和成就感。这种评价的目的是面对全体学生的积极性与自信心的,评价指向学生的学习进步和努力方向。体育教学评价中,这种评价占有非常重要的地位,但其没有得到应有的重视。

三、体育教学评价的特征

(一)建立在事实判断的基础之上

体育教学评价在做出价值判断之前必须首先对体育教育价值关系中的客体及其相关因素进行系统扫描和分析,做出事实判断。教学评价所要获取的资料是以体育教学中的各种要素为对象的。此外,为了获取客观准确的资料,还必须用科学的评价方法对可靠准确的评价信息进行收集,去粗存精,去伪存真,才能确保评价结果的准确性。

(二)重视身体适应评价

体育教学的目的在于使学生通过身体练习,提高机体承受生理负荷的能力,并逐步产生良好的适应,实现全面发展。所以,反映学生的身体在形态、结构、机能、素质等方面的变化是体育教学评价中对学生学习进行评价的重要内容。现阶段,我国学校体育教学评价的主要对象是学生体育学习中的技能掌握情况和运动素质变化情况。

(三)对体育教学评价的本质做出价值判断

教学评价是以主观需要和愿望为根据对教育活动有无价值、有何种价值、有多大价值等情况而做出的评判。通过评价来了解教育活动是否有利于国家和社会发展，有利于学生身心的全面发展。体育教学评价中需要同时兼顾学生与社会的需求，如果忽视其一或者不能对其本质做出正确、合理的价值判断，教学评价的作用就难以得到充分发挥，就会失去意义。

(四)评价形式与结果的开放性

体育学习结果的公开化是体育教学评价开放性特征的主要表现。无论是新动作技术的学习，还是动作技术测验，当事人的每一个表现，无论是成功还是失败，无论是熟练还是生疏，都清晰地展现在其他同学面前。这也为体育教学的客观评价提供了基础，为学生之间的相互评价提供了可能。

四、体育教学评价的功能

体育教学评价具有信息反馈功能、动机强化功能和考察鉴定三个基本功能。

(一)信息反馈功能

体育教学中，教师衡量自身的教学状况，学生了解自身的学习情况，都通过体育教学评价获取大量可靠的反馈信息。通过反馈信息，教师对自己教学中的优缺点有一个清楚的了解，从而不断完善教学行为。学生通过这些反馈信息，可以对自己学习情况的优劣有更清楚的认识，从而知道该从哪些方面努力。

需要注意的是，教师在将反馈信息提供给学生时，要以学生的年龄和心理特点为根据，把握适度性原则。一般说，对于学生的学习情况，教师应在尊重实际的基础上充分给予其肯定，对他们的学习积极性和主动性进行激发。对于否定的评价，教师要帮助学生发现问题，分析问题产生的原因，以便学生能有针对性地改进，从而增强学生学习中的自信心。此外，对于学生在学习中产生的紧张与焦虑心理，教师要想方设法地帮助其加以调节，防止学生失去学习的信心或在学习中产生逆反心理。

(二) 动机强化功能

教学评价的动机强化功能是指，通过教学评价激发被评价者的积极性，使其自觉地改进自己的教学行为。动机作用一般分为以自身的内部因素为基础的内部动机作用和以外部因素引起的外部动机作用。教学活动中，不管是教师的自我评价还是学生的自我评价，都可以起到加强内部动机的作用。教学活动中的他人评价，特别是正确的、公平合理的且肯定的评价，能够促进教师或学生的积极性的提高，使其在教学过程中保持适度的紧张状态。而不正确、不合理或否定的评价，会对学生或教师的积极性造成一定的打击。因此，发挥教学评价的动机强化功能，最重要的是要对肯定或否定的评价所产生的不同心理效果进行充分的考虑。对不同的评价对象，要对他们的个性特点予以考虑，才能产生积极的评价效果。

(三) 考察鉴定功能

通过教学评价，能够对教学质量和水平、优点与缺点以及教学中的问题进行考察与鉴定；能够对学生的学习能力、学业状况和发展水平进行判定和鉴别。此外，通过教学评价，还能够为管理者进行决策提供有关依据。体育教学评价的结果直接关系着学生的升级和留级；关系着编班；关系着教师职务的评审和聘用。通过教学评价，可以对教师的教学能力与水平，学生的学习能力与水平进行客观的判定。从这个意义上说，教学评价对于教学管理而言，也是一项非常有效的措施与手段。

五、体育教学评价的标准

(一) 体育教学评价标准的制定依据

1. 考虑社会对体育教学的要求

作为一种社会现象，体育教学受社会的制约，这一社会现象通过培养身心健全的人来促进社会的发展与进步。《课程标准》与《体育教学大纲》的相关规定体现了社会对体育教学的具体要求，《课程标准》与《体育教学大纲》对人才的标准和体育教学都做出了相应的规定，这是对体育教学评价标准进行制定的依据。因此，对《课程标准》和《体育教学大纲》的深入研究，尤其是对体育教学目标的研究是制定体育教学评价标准的基础与前提。

2. 以相关教育学科知识为基础

教育学科是对教育教学规律进行揭示的科学，体育教学活动只有以它为指导才能达到预期的教学目标。体育教学评价是理论与实际相结合的活动，只有理论知识，而不联系实际，就无法使评价活动顺利开展，更不能发挥教学评价的功能与作用。但如果只有实际，却不掌握教学的本质、教学原则、规律、方法等理论知识，就难以制定出科学的评价标准，也无法对体育教学实践进行科学的指导。

3. 考虑被评价总体的状态和水平

教学评价本身并不是作为目的而存在的，它是使预期教学目标顺利实现的手段。通过评价发现教学中存在的问题，并提出解决的方案，使体育教学活动处于优化状态。因此，对评价标准进行制定时，要考虑被评价对象的整体状态和水平，只有这样，评价工作才具有有效性，才能实现预期的效果。如果设置的评价标准过高，可能会使被评价者因无法达到标准而丧失前进的勇气和信心；如果设置的评价标准过低，可能导致被评价者因过于自满而不再继续努力。

(二) 体育教学评价标准的表达方式

体育教学评价标准主要有评语式标准、期望行为式标准、隶属度式标准三种表达方式。

1. 评语式标准

常用的评语式标准是将末级指标按内涵分解成若干因素，每个因素都以评语式的语言叙述标准。一般说，可以将评语式标准分为几种形式。

(1) 分等评语式标准

分等评语式标准指的是对每个末级指标都列出各等级标准。表 8-1 是某体育教师体育教学质量评价指标体系中的分等评语式标准。

表 8-1　分等评语式标准

等级	等级标准
优	内容准确，适量适度，重点突出，难点分散，渗透思想教育
良	知识准确，适量，体现重点、难点
一般	知识比较准确，有重点，有详略
差	传授有误，重点难点模糊，内容组织不合理

(2) 期望评语式标准

期望评语式标准是以期望的最理想的要求来拟定体育教学评价指标体系的每项末级指标的相应标准,所以这种标准只给出最高等级的标准,其他等级的标准只能以最高等级的标准为依据来推及,其分寸把握起来有一定的难度。

(3) 积分评语标准

积分评语标准是将末级指标分解为若干要素,为每个要素赋相应的值,每个评价对象在各要素上的得分之和便是其评价总分。表8-2 积分评语评价标准。

表8-2 积分评语评价标准

指标	要素评价标准	记分(满分20)
教学方法	教法选择具有科学性、灵活性、实践性,有利于提高教学效率	6
	能根据教学内容的特点灵活使用现代化教学手段	4
	对学生进行学法指导,使学生学会对知识进行分析、综合和概括	4
	实施无区别化教学,使学生能够在一定程度上有选择学习的机会和条件	6

2. 期望行为式标准

期望行为式标准是指将每个末级指标分解为若干行为因素,对每个行为因素选择一个具体的关键行为作为评价该行为因素的标准。

3. 隶属度式标准

隶属度式标准是用模糊数学中的隶属度函数为标度的评价标准。就内容而言,这种标准仍是评语式等级标准,只是这种标准是用模糊集合的概念,采用[0,1]区间赋值的办法来对每个要素各等级的隶属度范围做出规定。

(三)体育教学评价标准的构成体系

1. 素质标准

素质标准也被称为"条件标准",这种评价标准是从评价对象承担各种职责或完成各项任务应具备的素质的角度而提出来的。体育教师应具备的基本素质包括几点。

（1）热爱体育教育事业，有强烈的责任感，为人师表，以身示范。

（2）有科学的世界观和高尚的道德品质，有比较渊博的体育专业知识。

（3）懂得教育教学规律并具备良好的教学素质和教学方法技能等。

合理的素质标准使评价对象严格规范自己的言行，自觉提高自己的素质。

2. 效能标准

效能标准包括两个部分。

（1）效率标准

效率标准一般指以产出与投入的比例为依据衡量工作成果。在体育教学评价中，采用效率标准进行评价，就要考虑教和学的时间因素，具体就是在规定的时间内，评价体育教师是否以大纲要求为依据完成了教学任务，学生在思想、体育知识、技术、技能的掌握及增进健康等方面是否达到了应有的水平。

（2）效果标准

效果标准是从工作效果的角度确定的教学评价标准。体育教学效果标准一般从以下三个方面来考虑。

首先，体育基本知识、基本技术、基本技能掌握标准。它主要是考察体育教学中学生掌握体育基本知识、基本技术的数量与质量情况。

其次，能力发展标准。在体育教学评价中，要考察学生智力、个性的发展情况，体育锻炼的能力情况。

最后，思想品德教育标准。在体育教学中要注意积极开展思想品德教育。

效果标准与效率标准既有相似的地方，又有一定的差异。效果标准是以预定的目的为依据考察工作的成果，它对投入的人力、物力和时间不予考虑。效率标准是教学评价中最根本的标准，其综合考察人力、物力、时间的消耗以及成果，能够督促体育教师对工作效率的关心与重视，从而促进教学效果的提高。在体育教学评价中，应把效果标准和效率标准结合起来进行运用。

3. 职责标准

职责标准主要是评价对象所承担的责任和完成任务的情况。对体育教师的教学工作进行评价时，要从以下几方面展开。

首先，要看体育教师的备课质量，即考察教师对体育教学大纲钻研的程度，对学生的了解程度，对教材重点、难点的明确程度，对教案编写及场地器材布置的合理程度等。

其次，看教师上课的质量。主要对授课内容是否科学，教学目的是否明确，教学方法、手段是否有效，教学重点是否突出，教学语言是否清晰，示范动作是否正确等进行考察。

最后，看体育教师的教学是否贯彻了相关原则及要求。如果是在坚持体育教学原则的基础上开展的教学工作，必然能使教学过程变得生动、活泼，并产生良好的效果，反之难以得到预期效果。

职责标准能促进评价对象事业心和责任感的增强，能使其更加关心教和学的全过程。在体育教学评价过程中，应将职责标准与教学效果结合起来进行综合性的评价，防止只注重过程不注重结果或不注重过程只注重结果的错误倾向出现。

素质标准、效能标准以及职责标准既相互独立，又相互统一。体育教学活动较为复杂，素质标准对这一复杂的教学过程起着决定性的作用，职责标准的主要作用在于推动体育教学活动的不断优化，效能标准是素质标准和职责标准功能的反映。

第二节 体育教学评价的规范与落实

体育教学是在不断变革的过程中逐步实现发展的，在这一变革过程中，人们对体育教学评价的有关问题逐渐予以了高度的关注与重视。体育教学评价的指标体系、方法与模式随着新课程的改革不断增加与完善，而且依靠计算机操作的评价软件也随之得到了广泛的使用，这充分表明，体育教学评价正在向科学化、精确化与系统化的趋势不断发展。然而，对体育教学评价的指标与方法的研究不能仅仅停留在理论层面，更要从实践层面加强对这些评价指标与方案的运用，才能促进体育教学评价实践价值的增强。现代体育教学评价的规范与落实重点要从几方面着手进行。

一、建立科学的体育教学评价指标

从系统论的角度看，体育教学目标应该具备一定的科学性、简便性与易操作性特征。由于体育教学评价是对体育教学目标完成程度的一个考核方法。因此，体育教学评价也必须相应地具备体育教学目标的特征，即简明、科学，利于操作。虽然近些年体育教学评价指标的制定与完善受到了有关人员的重视，但存在大量缺陷的评价指标仍有很多，这些缺陷与不足主要体现在评价指标比较复杂、不易于操作或操作起来要花费大量的时间与精力。所以，体育教学评价的规范与落实，首先要解决的问题就是科学建立体育教学评价指标，并注意在充分考虑我国国情的基础上着手这一问题的解决。建立体育教学评价指标重点要从两方面进行，一方面，要从理论层面加强对体育教学评价体系的深入研究；另一方面，要从实践层面对体育教学评价进行科学的改革。在对评价指标进行建立的过程中，不仅要以我国国情为基础，而且还要对国外体育教学评价的成功经验进行合理的借鉴，从而使我国体育教学评价指标体系既具有东方特色，又呈现出国际风采。

下面具体分析科学建立体育教学指标的主要步骤。

（一）初步拟定指标

对体育教学评价指标进行初步拟定时，要以体育教学评价目标为基本依据，而且研究人员要根据自身对体育教学的理解和自身的实践教学经验来开展具体的拟定工作。拟定方法具体如下。

分析相关因素，对评价指标进行逐级分解，具体以评价内容的内在逻辑结构为依据进行分解，然后按照逐级分解后的因素来拟定指标。从高层到低层是评价指标的分解顺序。因素的级别越低，就越具体，直到被分解的因素可以被观测后停止分解程序，从抽象到具体逐级排列的指标体系就形成了。

（二）筛选拟定指标

初步拟定体育教学评价指标后，这时的指标还不是很简单、明确，所以，为了使评价指标的简约性与科学性得到保障，要合理筛选初拟指标，具体要采用经验法筛选。

经验法就是以个人或集体的经验为依据对评价指标进行归类与合并，从而对评价指标进行进一步明确的方法，个人经验法与集体经验法是经验法的两种常见类型。

1. 个人经验法

个体以自己的经验为主要依据，运用思维的方式（比较、排列、组合）对初步拟定的指标进行加工，决定评价指标去留的方法就是个人经验法。个人经验法操作简便，但容易受到个人主观经验的影响，评价指标被筛选后存在片面性的缺陷，这也是这类经验法的不足之处。

2. 集体经验法

运用问卷调查的方式进行统计的方法就是集体经验法。个人经验的片面与局限在集体经验法中能够得到克服，因而其与个人经验法相比，具有较强的科学性。所以，在对拟定指标进行筛选时对集体经验法的采用更有说服性。

(三) 权衡指标分量

将体育教学评价指标确定之后,要对其在体育教学评价体系中的重要性进行科学的衡量,也就是权衡其分量,才能确立评价指标的地位,清楚评价指标的重要性。评价指标重要性的权衡方法主要有两种,具体分析如下。

1. 依靠集体力量的权衡

集体力量的权衡中,集体主要包括学校体育研究人员、教育部门的相关工作人员、学校体育部门领导以及体育教师等相关人员,通过对这些人员的经验与力量的依靠,对评价指标在评价内容中的地位和重要性有所了解,从而权衡评价指标提供科学的依据。这种权衡方法比较全面、科学。但其也有一定的缺陷,即集体中的成员因意见不统一而对权衡结果的统一性造成影响。

2. 两两比较的权衡

两两比较的权衡指的就是对评价指标进行分组,一组包含两个指标,有关工作人员对同一组两个指标的某一特征进行对比和评判,并运用矩阵形式对比较与判断的结果进行表示,从分析结果中明确指标的优先顺序,从而直观地观察评价指标的重要性。

(四) 确定评价标准

做好前三个环节后,最后就要最终确定体育教学评价标准了。体育教学评价标准的设计主要包括标度的设计与标号的设计。

1. 标度的设计

表示标度的方法主要是定量与定性。通常用具有描述性的语言如熟悉、不熟悉,了解、不了解等来对定性标度进行表示。

2. 标号的设计

标号是对标度加以区别的符号。确定标度后,要用一些区别性的符号如优秀、良好、中等、合格、不合格等来对标号进行表示。

二、重视体育课堂教学质量

学校体育教学的主要形式就是课堂教学。体育课堂教学的质量随着新课程改革的不断深入而受到了越来越高的重视。

在对体育课堂教学评价进行研究的过程中,研究人员提出了一些具有实质性意义的建议,并积累了大量成功的经验。然而,这些经验与建议在体育教学实践中的操作性并不是很高。这主要是由于体育课堂教学的评价主体在多方面都存在差异,要用量化标准对课堂教学质量做出定量评价有相当的难度,体育课堂教学的实际情况也很难在评价中得到真实的反映。所以,研究人员与有关学者一定要将对体育课堂教学质量的评价重视起来,对科学合理并具有可操作性的评价方法进行积极的研究,从而促进体育课堂教学质量的提高。

三、充分发挥体育教学评价反馈与指导功能

体育教学评价具有反馈与指导两个基本功能。评价主体在对体育教学做出评价的过程中,不仅要考虑体育教学评价的相关因素,同时也要对与体育教学相关的一些要素进行全方位的考虑,从而使评价更好地为促进体育教学的完善而服务。在对体育教学做出评价之前,首先要对体育教学目标进行制定,并以此为依据展开具体的教学评价工作。体育教学评价的结果能够将教学目标的设定是否合理比较准确地反映出来。一般会出现如下两种评价结果。

1. 体育教学评价的结果良好,这说明制定的体育教学目标较为合理。

2. 体育教学评价没有取得理想的评价结果,这就说明教学目标与教学准备工作不合理,需要有针对性地对体育教学工作的各个环节进行调节。

四、建立全面的"教"与"学"的评价体系

体育教学包含教师的"教"与学生的"学"两个方面的活动,所以体育教学评价工作的开展也要从这两个方面着手,即进行教授评价与学习评价。当前,针对学生学习评价而进行的研究比较全面,针对教师教授评价而进行的研究较为片面,主要就是对教师的课堂教授情况进行评价。从这一点来看,要实现体育教学两个方面的评价目标就有一定的难度。鉴于此,有关专家与学者要对教师的教授评价与学生的学习评价进行全面而深入的研究,分别建立体育教师"教"的评价体系与学生"学"的评价体系,从而使体育教学评价的全面性与科学性有所保障。

第三节　现代体育教学评价体系的构建

一、体育教学评价体系的构建原则

(一) 科学性原则

在构建体育教学评价体系时，必须要建立一个完备的整体评价指标体系，使评价体系可以将评价目标的要求全面反映出来。对指标的选择应遵循教育的一般规律，确保指标体系内的各个指标之间能够保持相互独立，同一层次的各项指标之间既不存在因果关系，也不存在重叠关系(包含和被包含)。

(二) 客观性原则

对现阶段体育教学评价体系的构建，离不开相应评价理论的科学指导，而且要以我国学校的现实状况为基本依据，要对评价中存在的诸多因素进行全面、系统且客观的分析，使评价体系的结构要素具有一定的客观性，从而更好地促进体育教学效果的提高。进行体育教学评价的过程中，要特别注重贯彻客观、公正、合理的原则，客观、实事求是地判定教师的"教"和学生的"学"。

(三) 可行性原则

评价体系中的各项指标都要与体育学科的特点和学生的身心发展特征相符，所制定的标准需要满足基本的可行性要求。在对评价目标和指标体系进行制定之前，应系统地调查与分析我国学校体育教学现状，深入了解当前我国体育教学评价的现状，并对存在的问题与不足进行分析。此外，对于体育教学评价中的优势也要予以积极的肯定，在此基础上对评价体系进行科学的构建。制定的评价指标要能够将体育教学的效果反映出来。

(四) 可比性原则

体育教学评价体系中的各项指标都必须能够对评价对象的共同属性进行反映，并具有可测性，即每项指标都应作为具体目标，要用具体可操作的语言对其进行界定，而且通过使用一定的评价方法，能够对其进行观测和了解，并得出明确的结果。还要注意的是，应尽量简明地设置评价指标，确保指标的可操作性和可比性。

（五）导向性原则

对体育教学评价体系进行制定，要使其能够对体育教学发展的方向进行指导，并对开展体育教学活动有积极的影响，要将教学评价的导向功能充分发挥出来，及时反馈信息，以便进一步促进教学质量的提高。教育评价是为了提高教育质量而开展的工作，而教育质量的提高主要目的在于促进学生的全面发展。通过评价，要能够将体育教学活动中存在的合理之处和不合理之处揭示出来，从而进行相应的肯定和否定，为教师教学工作的开展与改进提供科学的意见，为学生的学习提供积极的指导。

（六）全面性原则

开展体育教学评价工作，就要全面考察与描述评价对象的各个方面，要综合评价与全面考察被评价者。因此，要收集评价指标中各个指标的信息，然后对各个信息与要素都进行全面分析，并做出相应的判定。

二、新形势下体育教学评价体系构建的设想

（一）树立新的体育教学评价指导思想

现阶段，在素质教育的实施过程中，体育教育改革与发展的实现离不开科学的体育教学评价，体育教学质量的提高也离不开评价工作的开展。

新的课堂教学评价标准应对学生在课堂教学评价中的主体作用进行重点强调，具体从4个方面突出对该方面的强调。

1. 对学生的学习予以关注，促进学生的全面发展。

2. 强调教学内容与学生生活之间的联系，以及现代社会和科技发展之间的联系。

3. 对主动、合作、探究的学习方式进行积极的倡导，使学生充分发挥自己的主观能动性，形成科学的价值观。

4. 注重对学生创新精神与实践能力的培养。

(二) 有机结合量性评价与质性评价、行为评价与心理评价

量化评价固然很多优点，但在体育课堂教学中使用该评价方法，容易把复杂而又丰富的体育课堂教学过程弄得过于简单化和格式化。而采用质性评价的形式进行评价，对于复杂而丰富的课堂教学过程而言更为有益，该评价方式对体育教学过程中完整而真实的表现（如原有基础、个体差异、参与程度、提高幅度等）有突出的强调，不仅对认知层面进行考察，同时考察表现等行为层面。所以，从发展性评价的角度而言，结合量性评价与质性评价两种方式对于提高体育教学评价效果更有意义。结合这两种评价方式，能够给质性评价提供一种数量化、趋势性的参考，而且采取等级评定方式说明体育课堂教学评价的结果。

在体育教学评价实践中，不仅要对容易量化内容的定量测评（体能、技能的测试）予以重视，更要将难以量化内容的定性评价（实践能力、创新能力等指标的评价）重视起来，这也是体育教学评价中的一大难点。此外，还要重视对行为评价与心理评价的综合采用。因为体育教学评价是一个价值判断的过程，较为复杂，其不仅存在具体、直观、外在等方面的特性，还具有一定的抽象性、间接性及内在性。只通过对某个指标（或量表）的借助，难以既对行为表现方面进行观测判断，又对心理倾向和行为特征方面进行客观评价。虽然将心理评价内容加到评价体系中使得评价的难度增加了，但在实践中进行心理评价有很重要的意义。

(三) 由重视结果向重视过程转变

目前，从各国体育课程改革和体育教学改革的趋势看，都对教学与学习的过程给予了高度的重视，而且对培养学生的创新精神与实践能力也很关注，这在世界上已经形成了一个共识。从现代知识论的层面而言，知识并不是一个结果，而是一个过程。学习与探索知识的过程是学习者整个心灵和生命中不可或缺的一个重要过程。不仅如此，体育教育追求的真正目标在于使学生能够对本学科与其他学科知识融会贯通、重新组合，并在此基础上对其加以创造性的运用。

第四节 体育教学评价的改革与发展

一、体育教学评价的改革

（一）体育教学评价的现状

1. 评价内容重技能轻文化素质

在体育教学过程中，许多体育教师只认识到体育技能教学的重要性，而没有对学生的体育文化素质给予足够的重视。学生的体育文化素质具体包括体育思想、道德、行为、兴趣与习惯以及体育学习态度等内容。学校体育课程的不断革新与发展要求对学生进行全面的体育文化教育。实施全面的体育文化教育，不仅要重视向学生传授体育知识与技能，而且还重视对学生身心素质、体育习惯与体育意识的培养，对学生这些方面的素质进行培养有很多方法，如思维的方法、生活的方法以及行为的方法等。

随着体育教学的不断改革与发展，体育教学评价也需要进行相应的变革，才能与体育课程改革的需要相适应。但是在体育教学评价活动中，体育教师依旧过分重视体育技能的评价，而忽视了对学生体育文化素质的评价，导致评价的片面与偏颇，这样片面的评价难以使学生发展成为全面型的体育人才，也难以使学生适应社会不断发展的需要。

2. 评价主体官方化与单一化

体育教学活动是一个全面且系统的过程，体育教学评价作为其中一个非常重要的环节，具有多方面的功能，如检验、诊断、反馈、导向以及调控等。一般说，体育教师应积极主动地组织并实施相关的体育教学评价活动。然而，在具体实践中，被评价者的地位大部分是消极的，体育教师、学生、家长以及管理者等多元评价主体共同参与体育教学评价的理想模式没有得到全面的实施。与此同时，学校与教育部门还将体育教学评价当作是体育教学管理的一种方法与手段。当然，这是无可厚非的，这种评价式的管理方法对于客观了解和科学调控体育教学情况是有积极意义的。然而，体育教学评价毕竟是一种评价行为，将其完全作为一种管理手段，就会变成一种官方行为，会抑制教学评价功能的充分发挥。而且体育教师在评价中也难以坚持自己的价值观,会严重影响评价的价值与意义。

体育教学评价的目的和评价主体参与教学评价的积极主动性会对教学评价功能的发挥造成很大的影响。通常,体育教学评价一旦作为学校的行政管理方法就会偏向于评价教学结果,而忽略教学过程的评价。而且在评价过程中,体育教师作为评价对象是十分被动的,对于确立评价方案、构建评价指标体系的工作,他们几乎不参与,只能按照规定执行已经确定的评价方案,运用已经设计好的评价指标,所以他们的意见很少有机会表达。在具体的评价过程中,教师为了提高自己的形象而表现出一定的敷衍行为,只对影响自己利益的评价结果表示关注与重视。所以,体育教学评价中,要加强对自我评价方法的运用,将官方评价作为一种辅助性的评价。

3. 过分注重评价结果

在体育教学评价的实践中,普遍存在对评价结果过分关注,忽视评价客体在不同阶段的进步与发展的问题,只重视评价结果而不重视过程的评价就难以使形成性评价顺利实现,也难以使体育教学评价的诸多功能得到发挥。

体育教学评价的指导思想是通过对客观标准的应用,检查体育教学活动,认真分析与积极反馈评价结果,从而促进体育教学的发展。这一思想指导评价主体以评价指标为依据,对体育教学过程做出客观的评价,对教学中的积极行为做出肯定的评价,对教学行为的缺点及时发现,并且提出合理的纠正建议,最终形成科学的评价结果。然而,在体育教学评价结果与体育教师的切身利益具有直接关系时,评价活动就显出功利性特征,评价结果的客观性与准确性也会大打折扣。评价主体在做出评价时,会考虑一些涉及切身利益的因素,积极赞扬与肯定教学中好的行为,而对教学的缺陷与问题有所规避,这样的教学评价难以真实地反映教学行为,评价结果的准确性因此就会受到影响,评价活动的开展就显得没有任何意义了。

(二)体育教学评价的改革措施

1. 改进评价体制,实施多方位评价

在原有的体育教学评价模式中,评价仅仅只是教师的"专利",学生只是作为评价对象而存在的,其评价的权利往往得不到重视。教师作为体育教学的主导者,需要充分了解学生的身体素质基础、运动能力状况,针对学生的学习、锻炼表现情况进行多方面的评价,从而将学生的学习积极性充分调动起来,尽快实现体育教学目标。随着"水平目标"的设立，教师每个阶段的教学任务都会发生一定的变化，而且，体育教学内容的选择、教学方式方法的应用等也会相应地发生变化。这就要求在体育教学中，以五个学习领域（运动参与、运动技能、身体健康、心理健康、社会适应）为主要依据，设立评价内容，从而保证评价结果的客观性和准确性。

2. 通过"学习小组"促进学生协作能力的增强

对于很多体育项目，以"学习小组"为评价对象都是比较合适的。其中，较为适用的项目内容主要有：队形队列练习、小组篮球、排球、足球等比赛、早（课间）操、各种距离的接力等。评价"学习小组"的主要目的是促进小组内成员合作能力的发展，促进学生社会适应能力的提高。由于学习小组内学生的成绩具有统一性，每个人的学习表现都会直接影响整个小组的学习情况，所以，每个小组内的学生都会承担起对不自觉学习的成员进行监督的职责，从而共同营造积极健康的班级学习氛围，这对于学生集体学习积极性的提高和协作能力的增强具有积极意义。

3. 对体育课特有的教学环境资源积极开发

体育课具有一定的优势，即具有得天独厚的课程资源优势应对课程改革。课程改革提出，要不断提高学生的社会适应能力、相互协作与人际交流能力。对于体育课，其教学环境、教学载体等都是多样化的，甚至不同年级的体育教师都可以合作，从而使学生的社会适应能力、相互协作与人际交往能力等得到全面的提高，进而使学生学会走出自我，积极参与到其他各类体育活动中。与此同时，还能够使学生学会从他人的体育活动与学习中获取健身知识，学会以"体育运动"为载体使自身的人际交往能力不断提高。

二、体育教学评价的发展

现代体育教学评价呈现出几方面的发展趋势。

（一）评价主体互动化

现代体育教学评价强调将完整的有血有肉、有感情、有个性的人当作自己的评价对象，并通过评价努力促使受教育者个性的充分发展，注重质的分析，将所有对学生个性发展有意义的东西作为评价的对象，它包括知识、能力、情感、兴趣、爱好、创造力、意志、态度、品格等多个方面；强调评价过程的开放、互动、透明和评价主体间的双向选择、沟通和协商，共同关注评价结果，学生自评、互评，师生之间的自评、互评都能够使学生对自己的优点和不足有所明确。这样就更能将评价的激励性和发展性体现出来。

(二)评价内容多元化

现代体育教学评价的内容向多元化的趋势发展，其包括认知、技术、技能和情感三个方面的评价，而不是单一的技术技能达标考评或健康测验。随着素质教育的不断深入，学校开始逐步重视学生综合素质的评价，不仅关注学生的学业成绩，而且对学生的创新精神、实践能力以及心理素质的培养给予了一定的重视，特长生的个性发展尤其受到了教师的普遍关注。充分发挥多元评价模块的作用，能够使学科成绩较差，但有一定特长或潜能的学生发现自己的闪光点，从而促进学生的和谐发展。这也是落实和谐发展、个性张扬办学理念在体育教学学生评价体系中的突破。

(三)评价体系多维化、多元化、综合化

体育教学的考核评价体系应该是由锻炼习惯评价，日常体育行为评价，体育技术、技能评价，基础知识评价与体质状况评价等多方面评价，共同构成的综合评价体系。

体育教学评价中，过程评价与总结评价结合；体育教师评价与学生评价结合；学生自评与互评结合；体育技术评价与运动技能评价结合；以学生个体发展为主的纵向评价与横向对比结合；体质状况评价与心理素质水平评价结合的多维的评价体系能够使每个学生通过体育课程学习获得全面健康的发展。

多元化是体育教学评价理论与实践发展的总趋势，这种多元化包括体育教学评价思想的多元化、评价方法的多元化以及评价主体的多元化。任何一种体育教学评价理论的形成与发展都是在一定的社会历史条件下实现的，永恒不变的体育教学评价标准和方法是不存在的，因而它具有历史性；任何一种体育教学评价理论都是为教育发展服务的。因此，它又具有明显的社会性特征。

目前有关学者正在对教学评价理论的科学化问题进行努力的探索，体育教学评价同样存在科学化问题。尽管科学化是一个漫长的历史过程，但只要体育不断发展，那么体育教学评价的科学化问题就将继续下去。

第九章　新时期高校体育教学改革策略探究

纵观我国高校体育教学的改革历程，不难发现我国高校体育教学的发展并不乐观。在传统教学思想的影响下，教学模式单一，教学内容乏味枯燥，教学方法陈旧落后且与现代教育思想严重不符，不能很好地体现现代教育理论在具体教学实践中的应用等弊端依旧明显。针对此，在本章就当前高校体育教学改革的相关策略详细论述。

第一节　体育教学改革及其动力

中共中央、国务院印发的《关于深化教育改革全面推进素质教育的决定》指出：学校教育要树立"健康第一"的指导思想，切实加强体育工作。按理说，体育学科应是学生最喜欢的压力最小、其好动的天性能得以自由张扬的科目。然而我们却发现，在体育课中同样出现了与其他文化课一样的厌学现象。究其原因，主要是由于受应试教育的影响，学校体育卫生工作在学校教育中长期处于可有可无的地位，致使多年来体育教学中存在的诸多问题一直没有得到很好的解决。因此，当前我们所说的体育教学改革应当从实际出发，存在什么问题就改什么问题。

所有改革的出现都是基于一定动力的推动，且少不了与之相对应的改革、发展动力机制。此种结论也适用于体育教学改革，对于体育教学改革的动力进行深入的分析，对于它们之间存在的作用机制与内在联系进行探讨，能够促进我们正确认识体育教学改革的目标，对于相应的程序、方法和措施有针对性地进行选择，同时能够保证高校体育教学改革的顺利推进。

一、体育教学改革的内容

(一)改革重复过多、竞技性过强、脱离学生实际的教材内容

通观学校体育各年龄段的教材内容,大、中、小学变化不大,主要由竞技体育项目构成,各项目动作技术难度大、专项素质要求高、重复过多。作为面向全体学生的教材,其趣味性、娱乐性、健身性、实用性方面存在很多不足,难以满足不同层次学生学习和生活的需要。这种过于技术化、大量重复安排的教材内容,学生不仅学起来没有积极性,而且力不从心,难以达到学习的期望值。因此,体育教学内容必须从学生个体需要(现在学习兴趣和将来工作、生活需要)出发,强调健身性、娱乐性、终身性,淡化竞技性,删除或缩短一些学生不感兴趣的与将来工作生活关系不大的教材内容和课时数,由教研组、任课教师、学生共同增补一些学生感兴趣的、现代健身气息强的体育基础知识、健身方法和项目,并确定课时数和教学进度。在体育教学改革中,不应追求教学内容的多、大、全,而应尽量选择以兴趣和健身为主的内容,让每个学生在体育课上都真正动起来,在校时期能掌握到一定的健身知识和方法,培养一两项体育爱好或特长,最终养成良好的终身体育意识和习惯。

(二)改革过于规范化、一体化的教学组织管理

多年来,我国体育课的教学组织过程,过分要求学生绝对服从教师指挥,过分强调统一目标、统一要求、统一行动的规范化和有序性。而这种不切实际的、忽视学生个性差异的一体化的教学组织,往往受许多领导和教师的推崇,在他们的眼里,学生排队整齐、安静、听话、不吵不闹、顺利上完课就是好课。殊不知,正是这种"好课"扼杀了青少年学生好动的天性,降低了学生对体育课的积极性和浓厚的兴趣,甚至产生逆反心理。针对此,教师常采用"加压"的办法,然而,教师越是卡、压、镇,学生就越是不听从管理,或者是身顺而心违,结果造成恶性循环。

课堂教学组织管理应以自主管理为主。针对学生以往在体育教学中被管得过"死"、过紧的情况,我们应在体育教学中开展"责任教育"研究,树立"以人为本"的自主管理思想,使学生明确自己的行为责任,给学生更多的活动时间和空间,让学生在轻松自然的教学活动中学会自我控制和自我管理。

(三)改革达标化、一刀切的体育成绩考核评价

多年来,我们一直都以体育成绩评价学生的体育水平,而体育成绩考核又只以《国家体育锻炼标准》为准。不仅如此,我们还以达标率作为评价体育教师能力与学校体育工作的主要标准。虽无意贬低《国家体育锻炼标准》的价值和作用,但不能搞"达标"至上,否则必然导致测什么就教什么、练什么,测试后不知学什么、练什么的应试现象。

为了改变多年来以单一的技评和达标成绩等为主的显性评价方式,我们应重视学生在体育教学过程中的基础差异和发展进步及努力程度,加强对学生学习锻炼的独立性、创造性等评价。可以采用有考有试的方法,"考"就是对大纲要求应掌握的最基本的体育知识、技能等进行考察,占考试成绩的50%;"试"就是鼓励学生在大胆尝试选择性学习后,由教师和体育委员对他们通过课内外努力自学掌握的体育知识和技能或自创的健身项目、动作和锻炼方法等测试和评价,占考试成绩的50%,以此促进学生形成良好的健身意识和习惯。

二、体育教学改革的动力

(一)体育教学改革动力机制的内涵

动力原是物理学的一个概念,之后被引申为能够对事物的运动与发展起到引发与发展作用的力量。众所周知,能够对体育教学改革起到推动力量的在现实的实践活动中不仅仅只有一个,由于多种推动力的合力作用才促使了实际改革的发生。我们将这些能够对高校体育教学改革起到推动作用的力量当作一个系统,它们经常会在体育教学的改革活动中同时发生作用。

机制这一词汇,是从希腊文"mechane"一词衍生过来的,它一直在其他的学科与领域中被广泛应用,用来对自身运动的行为机理层次与关系进行说明。机制在社会科学的研究领域中是内在联系和联系方式的一种,存在于事物或者现象的各个部分。

所谓的动力机制,只是功能型机制的一种,它一般指的是引起事物发展、运动和变化的不同层次的各类推动力量,此外,还包含它们之间互相联系的方式、机制与过程。从本质上讲,动力机制是指存在于动力和事物运动、事物发展之间的内在联系。

同其他的事物一样,动力机制的存在也是一个系统,同时这个系统具有层次多、要素多和复杂等特点。动力因素不仅存在于事物及其普遍的联系中,同时还存在于事物内部各

构成要素间的相互依存和相互作用之中。从结构的层面上讲，动力机制存在自己的联系方式。

由上述的阐释得知，关于体育教学改革动力机制的理解，也就是高校体育教学改革的动力机制，指的是体育教学改革得以发生与发展的各种不同层级的力量，还有它们之间互相关联的方式、过程与机制。

(二)体育教学改革的动力因素

按照马克思唯物主义学说的观点，事物之所以出现变化，是多种动力因素的结果，根据它们的来源，可以将这些动力因素分成两种，即外部动力因素与内部动力因素。据此，我们把能够对体育教学改革起到推动作用的动力划分为两种类别，即内部动力与外部动力。

1. 体育教学改革的外部动力因素

高等学校作为一个系统性的存在，是体育教学改革中的主体。如果我们把学校作为一个分界线，那么学校内系统存在于边界内，而学校外系统存在于边界外。体育教学改革的外部动力，也就是能够对体育教学改革起到引发或推动作用的高等学校外系统的力量。

(1)政治动力：政治力量的"政策牵引"

政治力量能够对体育教学改革产生一定的影响与推动作用，主要方式是"政策牵引"，即通过对相关政策与法律文件的制定，发挥政府对体育教学改革的影响与推动作用。当前，我国体育教学的职能、课程设置、教学方法、师资力量、招生对象与培养目标等多个方面都发生了重大改变，培养了大量国家经济发展所需的高级应用型人才。

(2)经济动力：推动经济的发展与变革

对于体育教学改革而言，经济发展是比较关键的、外部的一种力量，它能够推动、促进体育教学改革的具体实施。因此，为了能够同经济发展相适应，同时奠定未来经济发展基础，高等学校相应的体育教学改革就需要不断地开展。如果高校一直保留陈旧的体育教学内容与传统的体育人才培养模式，那么就不能同经济发展变化相适应，同时，培养出的人才也很难同社会的需求相适应。如此一来，不仅对于社会经济的发展会造成一定程度制约，同时还会阻碍高等学校的生存和发展。因此，经济结构改革从某种程度上也对高校专业结构和学科结构的相应变化起到一定的促进作用。

(3)科技动力：科技发展进步的驱动

从人类社会的发展历程看出，每一次科学技术的重大变革，都不可避免地会促进人类社会的巨大进步和生产力的重大改变。科学技术已经渗透在社会生活的各个方面,作为一种动力在一定程度上,对于社会的变革与经济的发展起到了强大的推动作用。

科学技术作为一种强大的动力,能够对社会变革与经济发展起到一定的促进作用,同时,还能够促进、推动高校教育教学的改革与发展。同科学技术的革命性相比,高校教育教学是一项传统性很强的事业,具有较大的惰性。一旦教育教学形成了某种形态,通常会持续长达数十年,甚至是数百年。

在体育教学改革问题上,科学技术的进步和发展所发挥的推动作用总结起来有几种表现。

①对于一些传统体育教学观念的改变,科学技术的进步和发展能够起到一定的推动作用。例如,现代科学技术的不断发展所呈现的主要趋势是高度综合与高度分化同时存在。此种趋势在一定程度上冲击了高校体育人才的培养工作,给其带来压力,同时,它还能够改变高校体育教育的传统思想观念,即专业教育的开展与专业专家的培养,使基础拓宽、通识教育和文理兼通的思想得以逐步树立。

②对于高校体育课程内容与专业设置的更新,科学技术的进步与发展能够起到一定的推动作用。高校专业设置的基本理论根据就是科学的学科门类。伴随科学技术的综合发展与分化发展,同时,在科技革命导致衍生学科日渐增多的情况下,高校体育也逐渐产生了更多的新专业,尤其是能够将科学发展综合趋势反映出来的边缘学科与交叉学科,逐渐增加了高校的跨学科专业。高等学校是对知识进行传承、对知识进行发展的重要场所,在高等院校中,科学技术的发展有利于充实高校体育的教学内容。因此,科学技术的进步和发展必定能够促进高校体育课程内容的不断更新。

③对于高校体育的教学手段与方法而言,科学技术的进步与发展能够起到一定的推动作用。伴随现代科学技术的方法与手段被高等学校引入,传统的体育教学设备与教学方法得到改造,促进了全新、科学的体育教学方法的形成,使全新的体育教学技术手段得到配置。例如,调查法、实验法、观察法、实习法、比较法等现代高校体育教学方法,都是同现代科学方法相适应的。此外,伴随许多科学发明成果在高校体育课程教学中的不断引入,如投影仪、幻灯机和计算机等,根本性地革新了体育教学手段。

④对于高校体育教学组织形式的改变,科学技术的进步和发展起到了一定的推动作用。高校体育教学组织形式的改变,是基于现代科学技术的进步和发展的,尤其是网络技术与计算机技术的产生与应用。在科学技术进步和发展的推动下,高校体育教学的组织形式逐渐转变成多元化的组织教学形式,如计算机网络教学、远距离教学、个别化教学和班级教学等,而不再是传统的集中教学形式,即班级授课制。

(4)文化动力:思想观念更新的引领

通过政治、经济和科技、文化之间的互相比较,可以得知文化和高等教育之间存在着非常悠久的历史传统联系。由于人们的社会心理、价值观念和思想意识是文化的最直观表现，因此，文化给体育教学带来的影响同政治、经济、科技对于高等教育的影响相比，自然也会显得更加深刻和隐蔽。但人们在高校体育教学实践开展的过程中，对于此种潜在作用很难重视。这就需要在对体育教学改革的动力因素进行分析的过程中要给予足够的重视，在体育教学改革不断深入开展的过程中，文化动力通常会在观念和思想的革新能够引领体育教学改革中体现出来。换句话说，对于体育教学改革讲，新的思想与新的观念能够对其产生一定的引领作用与促进作用，因此，文化是能够推动体育教学改革的重要力量。此外，在这一问题上，对于这些思想的改革和传播实践，人们想要完全地进行区别是非常困难的，这是因为这些思潮从本质上讲就是对指导思想的一种革命，这种成效只有经过了实践，人们才能够普遍地接受。

（5）竞争动力：校际竞争的压力

伴随社会主义市场经济体制的逐步建立，以及高校办学自主权与规模的扩大，我国高等院校间的竞争也越来越激烈，在竞争的浪潮中不断有更多的大学加入，使得竞争逐渐成为一种客观的存在。同时，由于我国高校教育国际化进程的不断发展，我国高校呈现出日渐普遍化的国际竞争参与现象。对于高校而言，不管是国际范围内的竞争，还是国内范围内的竞争，都能够很好地促进体育教学改革的发展。尽管从本质上讲，高校与高校间的竞争是一种全方位的竞争，主要包含生源竞争、荣誉竞争、经费竞争和就业竞争等多个方面的内容，然而，实际上我们将这些竞争归结为一点，即都属于教育教学质量竞争的范畴。

在国际竞争与国内竞争逐渐激烈发展的过程中，如果高校想要使自身的竞争力得到提高，就必须树立自身的竞争优势，并且要在教育教学方面投入更多，对于体育教学或者是人才培养模式的改革要更加积极。

2. 体育教学改革的内部动力因素

这里所说的体育教学改革的内部动力因素，主要是指高等院校系统内部能够对体育教学改革起到推动与引领作用的关键性力量。一般说，体育教学改革的内部动力因素主要包含四个方面的内容。

（1）直接动力：使高校教育教学弊端得到克服的需要

在20世纪90年代，华中理工大学对本校的教育教学模式进行了数次的调查研究，并得出了结论，即在人才培养的过程中，本校存在的弊端是：轻人文重理工、轻综合素质重专业技能。因此，该校在全国高校中率先开展以提高大学生综合素质为目的的教学改革。经过多年的不懈努力，华中理工大学使文化素质教育向多样形式发展，而不再是单一形式，从造势到自觉，从局部试点转向全面开展，一种科学和人文相结合、高雅和通俗相结合、课内和课外相互补、教师和学生友好互动的全新局面被展开。在使本校大学生综合素质得到极大提高的同时，还带动了全国教育教学整体水平的提升。

（2）根本动力：高校人才培养质量得到提高的需要

对于高校教育教学中存在的缺陷与弊端进行克服，仅仅是推动或者是诱发体育教学改革的内部直接动力因素。体育教学改革活动得以顺利展开的内部动力因素，从本质上来讲，是提升自身的人才培养质量，这对于高校教育教学的人才培养工作而言也不例外。

对于高校教育教学工作而言，社会评价其优劣、检验的基本标准就是判断其人才培养质量的优劣。而高校为了能够使自身的人才培养质量得到提高，也少不了要对体育教学思想不断地更新，对体育教学内容进行革新，对体育教学方法进行改进，对人才培养模式进行改革等。通过对高等教育发展历程的考察可以得知，高等学校教育教学改革的最终目标是使人才培养的质量得到提升，在现代高等教育全面发展的我国，这一点也能够得到明显地体现。

（3）基础动力：改革主体的自我变革推动力

在对体育教育教学的内在动力进行探索的过程中，对于改革活动中的人必须要进行分析，即探析体育教学改革主体的作用。

①对于学校的主要管理者讲，其承担的角色主要是某一所高校的校长或者是相当级别的学校领导。对于高等院校的发展起源与历史进行考察能够得知，在学校改革与发展的历史过程中，校长始终承担着领导的重任。通常而言，校长本身具有一定的权力、组织权威和个人影响力，对于学校内教育教学管理、机构设置、人事管理、经费使用方面等存在领导权力。因此，校长在体育教学改革过程中占据着核心位置，不仅是体育教学改革的领导者、策划人，还是具体的执行者，可以说如果没有校长的积极配合与推动，高校体育教学的成功变革是不可能实现的。

②从教师的层面讲，尽管在发展变革过程中，学校是作为基本单位的存在，但是，学校的发展离不开诸多个体的存在。除了之前提到的学校主要管理者以外，这些个体还有始终在教育第一线工作的广大教师，他们作为一种力量能够推动教育教学改革的进程。通过对于教育教学改革实践过程的细心考察可以发现，尤其是那些针对教育真正问题的改革，基本上都是从一些教师的自发活动中开始的。因此，在体育教学改革开展的过程中，应该重视教师自我变革所产生的推动作用。对于体育教学改革而言，如果没有教师的响应、号召，那么就只能是一句空话。

③对于学生讲，他们在现实的教育教学实践中，通常是被当作改革的协助者或者参与者，人们往往忽视了学生作为改革主体的力量存在。实际上，在学校体育教学活动中，学生也是重要的参与者，同样能够在体育教学改革中起到关键的推动作用。例如，对于体育

教学现状，他们表现出的批评和不满，以及改进体育教学工作的建议和意见，在一定程度上都会对体育教学改革的实施产生一定的推动作用与影响。就如日本著名的教育家关正夫所发表的观点："一个改革的内在条件就是存在学生群体对于学校的批评，如果没有此种批评的存在，那么学校当局就不会去热衷推进。"由此看出，在体育教学改革活动中，学生具有重要的推动作用。

(4)保障动力：高校办学自主权的推动

《中华人民共和国高等教育法》中的第31条到第38条，有效明确于高等院校作为实体法人应该承担的任务与7个方面的自主权。伴随我国高校办学自主权的逐渐扩大，在法律的推动和保障下，我国高校也提高了教育教学改革的积极性。然而，在我国现阶段的高校办学实践中，在办学自主权的问题上依旧还存在一些不足，进而使高校在体育教学改革实践过程中的主体性与积极性没有得到充分的发挥。在教育教学改革开展的过程中，高校一直缺少一定的动力，这也是需要我们日后全力解决的。

(三)体育教学改革诸动力的内在联系、共同特征和作用机制

1. 体育教学改革诸动力的内在联系

(1)体育教学改革的外部动力是发挥内部动力作用的先决条件

体育教学作为一种具体的现象，始终存在于社会生活中。同时，体育教学同其他的社会现象存在的联系也是十分密切的。此外，对于体育教学而言，外部力量也将对其造成一定的影响，这里所说的外部力量主要是从社会系统中的政治、经济与科技等领域中产生的。

如果不存在外部力量的刺激、诱发与推动，那么由于高校自身"惰性"的存在，想要从自身内部促进产生体育教学改革的意愿与动力明显是很困难的。因此，对于体育教学改革而言，其同外部力量中具有的推动作用之间存在着十分密切的联系，同时，体育教学改革的外部动力从本质上来讲是其内部的动力使其自身作用得到充分发挥的重要基础。

(2)体育教学改革内外部动力综合作用于高校的体育教学改革

从根本上讲，体育教学改革是一种外部和内部的动力之间不同种类因素有机结合而产生的最终结果，尽管这些因素在力量上具有一定的差异性，但是需要注意的是，这些因素的存在是分散的，会通过多种不同的形式向体育教学改革工作的主要动力与合力来源转化，这里提到的不同形式，主要有对话、协同、选择、融合、竞争等，对于体育教学的改革与发展讲，它们能够共同发挥推动作用。

2. 高校教育教学改革诸动力的共同特征

虽然从形式方面讲，体育教学改革的主要动力来源存在一定的差异性，但是不可否认的是，在特征方面，它们之间也存在一些共同点。在这些特征的共同作用下，这些动力在体育教学改革中占据着重要的位置，进而在动力机制上使体育教学改革的有机构成得到促进，并对体育教学改革的进程起到推动的作用。这些动力表现出来的共同特征有：相关性特征、互补性特征、层次性特征、动态性特征和整体性特征。

3. 体育教学改革诸动力的作用机制

体育教学改革的实现，并不是仅依靠能够在体育教学改革中起到引发或者推动作用的动力就能做到。体育教学改革的诸动力同体育教学改革之间的联系离不开作用机制的支持。现阶段，在体育教学改革的实践过程中，能够发挥作用的机制一般讲有3种，具体如下。

(1) 行政机制

体育教学改革的行政机制，一般是指国家的行政部门能够主导体育教学改革与发展。行政部门一般会利用其科层体制来筛选、过滤体育教学改革中的各种外部动力因素与内部动力因素。

(2) 市场机制

体育教学改革的市场机制，一般是指市场能够在体育教学改革中起到主导作用。市场机制能够对体育教学改革的各种外部因素和内部因素造成一定的影响，并决定它们能否作为动力而对体育教学改革发挥推动作用，且能否承受市场的考验。

(3) 志愿机制

体育教学改革的志愿机制，一般指的是学校自身能够在体育教学改革开展的过程中起到一定的主导作用，换句话说，就是在选择体育教学改革方向的时候，充分考虑学校自身存在的体育教学问题、体育教学的现状与体育教学的发展目标等多种因素。在志愿机制的作用下，学校自身能够综合地分析体育教学改革的内部影响因素与外部影响因素。

第二节 现代信息技术下的教学方法改革

随着科技的高速发展，教学方法也发生了巨大的改变，如出现了以现代信息技术为基础的多媒体教学法、微课教学法、慕课教学法以及翻转课堂等。

一、现代信息技术下的多媒体教学法

(一) 多媒体教学的特征

1. 多媒体教学的多维性特征

所谓的多媒体教学的多维性特征，主要指的是多媒体教学技术所拥有的对信息范围进行处理、扩展与扩大空间的能力，且此种多维性职能能够变换、加工、创作输入的信息，使输出信息的表现能力得到增强，显示效果得到丰富。例如，在高校体育教学开展的过程中利用多媒体系统进行辅助，不仅能够加深学生对文本知识的学习、对静态图片的观察，还能在多媒体技术的支持下，清楚地观察、了解体育教师的动作演示，使高校体育教学的效果得到加强。

2. 多媒体教学的集成性特征

所谓的多媒体教学的集成性特征，主要指的是多媒体技术能够将不同类别的多种媒体信息进行有机的同步组合，如声音、文字、图像等。进而促进多媒体完整信息的输出。此外，集成性还存在另外一层含义，指的是对这些多媒体信息进行处理的工具或者设备的集成，包括视频设备、储存系统、音响设备、计算机系统等的集成。

3. 多媒体教学的交互性特征

所谓的多媒体教学的交互性特征，主要指的是人和人之间、人和机器之间、机器和机器之间的交互活动，也就是人和机器进行对话的能力，或者说使用者同机器之间进行沟通的能力。这也是多媒体计算机系统不同于传统音响、电视机等家电设备的地方。根据实际的需要，人们能够选择、控制、检索多媒体系统，同时，还能够参与播放多媒体信息与组织多媒体节目的行列。

4. 多媒体教学的数字化特征

所谓的多媒体教学的数字化特征，主要是指在多媒体计算机系统中，各种各样的媒体信息都是以数字的形式在计算机中存放，并得到处理。多媒体技术是在数字化处理的前提下被建立的，如以矢量方式储存与处理的图形、以点阵方式储存与处理的图像、以数字编码方式储存与处理的音频和视频。

在现代信息技术发展的背景下，多媒体教学得到了广泛的传播与发展。除上述的4种主要特征外，多媒体教学还存在以下的一些特征。

(1) 分布性特征

主要指的是基于多媒体数据多样性的存在，在不同的时间与空间都会存在它的素材，并且在不同的领域中，它也得到了广泛应用。因此，对于多媒体产品的开发，在离不开计算机专业人才参与的同时，更加需要视、听专业的人才。

(2) 综合性特征

不仅能够综合集成各种媒体设备，同时还能够综合提取各种信息，使它们成为整体，促进综合效应的产生，使其不再是"单兵作战"，而是文字、图片、声音与音像的有机组合。

(3) 实时性特征

主要指的是对于同时间相关的处理，如声音与视频信号等的处理，还有人机的交互显示、操作与检索等操作都存在实施完成的要求。

(二) 多媒体教学在高校体育教学中的应用优势

多媒体教学通过文字和图形的形式，同动画、音频与视频相结合，将体育课程的教学内容进行立体的显示，具有表现形式和表现手段丰富多样、灵活多变的特征，使其独特的优势得到充分体现。

1. 多媒体教学使高校体育教学观念得到更新

高校体育教学的传统教学模式是以教师的"教"作为重心，在高校体育教学应用多媒体技术，能够使这种传统高校体育教学模式发生改变。体育教师在授课的过程中，对信息化的多媒体教学手段进行应用，在人机交互活动中与学生开展交流，将体育多媒体教学的教学思想进行展现，使学生的体育参与意识得到激发，体现了以学生的"学"为中心的教学观念。这能够极大地促进高校体育教学方法的实践性与多样性变革，改变学生学习体育知识与体育技能的思路及方式。

2. 多媒体教学使高校体育教学的质量得到提高

在体育课程的传统教学活动中，教师主要应用的教学方式是讲授，但在主观条件与客观条件的约束下，很难做到完全规范、标准的技术动作示范，且在较短的时间内，学生们也很难形成正确的动作概念。

多媒体高校体育教学的实施使得上述的状况得到改变,在文字与图片的辅助下,体育课程的抽象概念得以具体化、形象化,而通过计算机,就能够对难度较大的体育技术动作模拟演示。而在对速度较快、结构复杂的技术动作进行讲解与示范的过程中,取得的效果则将会更加明显。在多媒体技术的支持下,通过慢动作使学生对这系列动作进行清晰的感知,促进相关体育概念的形成与动作要领的掌握,使高校体育教学的效率与效果得到极大的提高。

3. 多媒体教学使学生的体育学习效果得到提高

多媒体技术能够使人的视觉、听觉等多种感官系统得到刺激,促进大脑不同功能区域交替活动的开展,促进体育学习内容生动化、形象化的发展,增强高校体育教学活动的趣味性与直观性,方便学生对体育技术动作的理解。多媒体技术对字体、色彩、图表、音乐、动画等多种表现手段进行了综合利用,"声图并茂""有声有色",使得高校体育教学内容的艺术表现力与感染力得到增强,课堂氛围得到活跃,特别是多媒体高校体育教学中对肢体和谐美、力量美与技艺美的体现,使高校学生对体育的功效与个性的社会价值取得真正的认识,使他们的求知欲与体育学习的热情得到激发,进而使体育学习兴趣与体育课堂教学的质量得到有效提高。

(三) 多媒体教学的课件设计

1. 体育多媒体课件内容的组织

只有精心组织高校体育教学内容,才能够使多媒体教学的优势得到充分利用。具体的做法主要包含以下几个方面的内容。

(1) 教学内容的多媒体化

对高校体育教学开展过程中需要使用的文字、图片、声音、动画和视频等要素进行组织。如果高校体育教学内容具有多元化的形式,那么也要综合地设计高校体育教学内容的形式。最终实现对文字形式、图片形式、声音形式、视频形式与动画形式等多种高校体育教学手段的综合利用,翔实地解说体育运动技术动作的要点、难点、练习方法、容易犯的错误、纠正错误的方法等多个方面的问题。

(2) 补充体育课程教学相关内容

在体育课程多媒体教学开展的过程中,在教学的各个知识点中,不仅能够将体育课程教学大纲要求的内容引入其中，还应融入大量的相关信息与知识。例如，在篮球教学中，不仅可以设计体育课程教学大纲中规定的一些技术教学内容与战术教学内容，同时，还可以对篮球运动的所有技战术进行扩展，补充篮球运动技战术实战应用的内容。在完成体育课程教学大纲要求内容的同时，使爱好篮球运动的学生能够对于国内外先进的篮球运动技战术、教学与训练进行了解学习。

（3）高校体育教学内容的动态更新

在体育课程多媒体教学开展的过程中，学生可以自由地利用多媒体浏览，同时，还能够通过网上教师的答疑解惑与课程互动讨论等教学手段，讨论高校体育教学内容，并且还可提供一定的修订意见。这有利于促进高校体育教学互动过程中教师与学生对教材进行共同编撰的可行性的实现。

经过对体育相关教材的共同编撰，学生能够对自身的问题与意见进行充分的表达，从而使体育课程网络教学过程中学生的参与感得到大大提高。

2. 体育多媒体课件结构的设计

体育多媒体网络课件结构主要建立在高校体育教学内容的基础结构上，它保证体育多媒体网络课件的相关教学功能与大致框架得到充分的反映。

对于体育多媒体网络课件而言，其总体结构主要由两个部分构成，分别是高校体育教学的内容、网络交互。高校体育教学的组成内容，不仅包含体育课程教学大纲要求的全部内容，还包含一些扩充性的知识。在应用高校体育教学网络手段的前提下，大量同体育课程教学核心内容相关的补充性知识在体育课程教学内容中能够有机融合，进而营造高校体育教学所需的特定环境，对于那些存在不同兴趣、爱好的学生而言，也能够保证他们的个性化学习活动得到适当的支持。在大量扩充性知识得到引入的情况下，极大地丰富了体育多媒体课件的内容。

3. 撰写脚本与设计素材

在体育多媒体教学课件的设计中，需要对素材进行脚本撰写与相关设计，这里所说的素材，主要包含文字、声音、图形、图片、动画和视频等。

（1）文字脚本的撰写

通常利用 Word 软件实现文字脚本的撰写。在内容上，不仅要对高校体育教学的知识点进行考虑，还要利用文字清晰地表达教师的讲解，另外还要在引入图形、图片、动画及视频的文字处及超文本链接处做出标记，以便于后期的制作者使用。因此，在字数上，文字脚本是传统教材的 2~5 倍。

(2)声音脚本的撰写

在网络条件的制约下,如果在高校体育教学课件中大量应用声音文件,很有可能会降低其最终的运行速度。因此,声音文件的使用只能在特别需要的地方才可以,如对动画的解说、对视频的解说等。同时,在撰写这一种类别的声音脚本的时候,首先要考虑的是目标动画与目标视频,同时,按照动画的解说与视频的解说,根据时间与内容开展配音,需要注意的是,应该保证配音脚本的精练化,此外要将动画与解说的过程、配音的过程紧密地联系在一起。

(3)关于图形、图片的设计

我们常说的图片,就是指利用拍照技术而生成的图片。当体育教师向学生讲解高校体育教学内容的时候,可能需要使用大量的图片。在拍摄图片以前,体育教师应该针对每一个技术动作,按照文字讲解的实际需要,进一步设计图片拍摄的具体要求。

我们常说的图形,就是指利用计算机的相关软件而绘制出来的示意图,如篮球运动技战术配合的相关线路等。通过计算机相关软件绘制出的示意图,不仅要对相关的内容进行表现,还要确定图形的种类。可以绘制二维图形,也可以绘制三维图形。

(4)关于动画的设计

我们这里所说的动画,主要是指动态的图形或图片。在体育多媒体课件中,动画的使用只是为了表达一些原理性的内容,比如,体育教师在讲解球类运动的战术配合问题时,就需要应用二维动图。在对相关动画进行设计的时候,首先需要进行设计的就是最原始的静态图形,然后需要通过文字与图示对初始动态图形的每一个变化过程进行说明,同时,还要以文字撰写的形式编写相应的解说文字。对于动画脚本而言,其主要构成有:每一步动作的图形、说明性的文字与线条、图片中的文字提示、解说的文字等。

一般讲,一套规范的制作表必须要通过制作人员和脚本撰写人员的共同商讨、确定,这对于撰写脚本与双方交流活动的开展能够起到一定的促进作用。

(5)关于视频的设计

在体育多媒体网络课件的设计过程中,视频的拍摄类似于图片的拍摄。通常来讲,视频的拍摄和图片的拍摄在步骤上是一致的,同时,如果拍摄过程中使用的是数字摄像机,那么图片拍摄与视频拍摄事实上就是相同的。

(6)关于功能的设计

对于体育多媒体课件而言,其功能的设计内容主要有:对于课件界面的层次选择、导航模式设计、按钮的选择、功能按钮的确定,课程内容展示方式的确定,不同素材的连接方法确定,课件内容及文件结构的确立等。功能设计的目的主要是最大限度地使用多媒体网络手段,使特定内容对教学活动辅助作用的完成起到一定的促进作用。在体育多媒体课件中，按照总体结构的相关要求，通常通过三级结构进行界面设计，分别是主要界面（即网络课件的主页面）、选择内容的界面、讲解内容的界面。

在体育多媒体网络课件的主要界面中，通常存在两组可以选择内容的按钮，分别是高校体育教学内容组按钮、网络交互组按钮。为了可以适当地减少页面切换的数量，从而提升体育多媒体网络课件的运行速度，因此在选择内容的界面上，在设置每节内容的选择按钮时，还要设置每章节的切换按钮。针对具体的高校体育教学内容，可以综合利用各种形式的高校体育教学手段。

一般通常采用的高校体育教学手段有文字介绍、动画讲解、图像图片、录像片段等。不仅如此，体育多媒体网络课件还可以设置其他超文本链接形式的按钮，并科学合理地增加按钮的趣味性与动态效果。在体育多媒体网络课件中，其界面存在的各式各样的按钮应充分考虑学生的各种需求。

二、现代信息技术下的微课教学法

所谓的微课，主要是指以视频的方式把教师在课堂内外教学活动开展过程中传授的教学环节或者强调的主要知识难点与重点进行展示的新型的教学资源。微课具有一些比较显著的特点，如碎片化、突出重点、具备的交互性比较强、能够反复多次使用。微课作为一种全新的教学模式，能够使学生的碎片化学习活动随时随地的展开。

对于微课而言，其组成内容的核心就是示例片段，也就是课堂教学视频。不仅如此，也有同某个教学主题相对应的辅助性教学资源，如素材课件、教学设计、练习测试、教师点评、教学反思和学生反馈等。在一定的呈现方式和组织关系下，它们共同营造了资源单元应用的"小环境"，这里所说的资源单元具有的显著特征是主题式的半结构化单元资源。因此，微课同传统单一资源类型的教学资源之间是有一定的差异存在的，主要表现在教学设计、教学课例、教学课件与教学反思等方面。同时，微课与上述的这些教学资源之间存在一定的联系，即微课作为一种新型的教学资源，其发展基础就是上述的这些教学资源。

（一）微课的特点

1. 碎片化

微课视频具有 10 分钟左右的时长，它将课程教学过程通过清晰的视频录制的方式进行呈现。一堂传统课堂教学的时间通常是 45 分钟，而原有的段状课程在微课的作用下，逐渐向点状课程转变，促进了更加精致、细致课程内容的出现。因此，学生除了课堂的教学时间以外，还可利用课外的其他的零散时间，比如，当学生排队等待就餐的时候，可以利用这一小段时间学习。因此，微课的显著特点之一就是碎片化。

2. 突出重点

基于学生的学习特点，在微课显著的碎片化特点的影响下，对于教师的教学研究能力，微课也提出了更高的要求。在微课视频的 10 分钟展示时间内，要求教师将严谨的逻辑性进行体现的同时，还要将课程内容的重点与亮点突显出来，真正地抓住学生的学习重点所在，更好地激发学生的学习兴趣。

3. 较强的师生交互性

微课作为一种新的课堂形式，能够有效改善传统教学模式中教学内容单方面输出的情况。在微课教学开展的过程中，教师与学生之间的互动得到加强，不仅及时收集了学生课程学习的兴趣点，同时，对于学生存在的疑问，教师也能够及时回答。这无疑会为教师课程后期的设计提供便利条件，使学生的知识渴求得到一定的满足，进一步提升课程的教学效果。

4. 能够反复多次使用的教学资源

在微课的模式下，学生能够按照自身的实际需要，随时随地地展开体育学习活动。例如，在课程开始之前，学生通过微课来预习运动技能、了解难点和重点、练习课后的动作等。微课在进一步提升教学效果的问题上能够发挥有效的促进作用，此外，对微课教学模式的使用，还可使学生课程学习的积极性得到增强。

(二)现代信息技术下的微课教学应用

由于微课存在碎片化、突出重点、较强的师生交互性与可重复利用教学资源的特征存在，所以从体育微课的基本设计原则出发，开发质量较高的体育微课，能进一步地改善当前高校体育教学的现状，使学生体育运动项目的学习兴趣得到提高。

对于体育方法，微课的应用要始终去探索，一般讲，在高校体育教学中，主要会在以下几个方面将微课的应用体现出来。

1. 微课应用在学生体育需求调研中

鉴于高校体育教学传统模式中同高校体育教学内容间存在的关联，在高校体育教学实践活动正式开始前，体育教师应该按照课程逻辑将高校体育教学内容中的难点与重点提取出来，同时，还应该同现阶段的体育栏目与体育热点新闻相结合，制作体育微课，之后再将已经制作完毕的体育微课利用移动互联网的各种渠道实施学校范围内的广泛传播。通过对微课中学生的点击率与评论内容的考察，体育教师能够有效地评定体育课程内容的合理性，更加深入地了解学生兴趣与期待。此外，在前期对体育微课进行传播能够有效地使学生体育学习的积极性得到调动，使学生更加期待即将要学习的内容，使学生的被动学习行为转变为主动学习行为，进而提升学生的体育参与度。

2. 微课应用在体育课程设计中

对于体育微课而言，它不仅补充了传统的高校体育教学模式，还是多媒体时代下高校体育教学发展的必然结果。微课的逐渐出现，使得原本的体育课程设计得到了重新定义，因此，就需要保证体育课程有理有据、有血有肉。在高校体育教学开展的后期阶段，应对以往室内体育理论课与室外实践课分开开展的体育课程设计做出改变，将两者进行融合，同时，对于多媒体时代的大数据特征进行考虑。在设计室内理论课的时候，可以以教师和学生的信息数据交流为主，使他们的头脑风暴在体育课程中得到发展，设计出更加公平、更加自由的体育课程。此外，在这样的形式下，体育教师的教学思维能够得到更进一步的更新，使学生的体育学习热情也能得到提升。

3. 微课应用在体育课程教学中

一方面，基于体育时事热点与体育课程的新内容，体育教师能够设计新颖的体育课程，并导入微课。在体育课堂教学开展的过程中，教师可组织学生集体观看，主要的目的在于吸引学生的注意力，激发他们的体育学习兴趣。

另一方面，在高校体育教学实践活动开展的过程中，体育教师可以将复杂动作的教学制作成微课，同时，在体育课堂教学过程中，重复地向学生播放，将更加具体、更加直观、更加生动、更加形象的体育教学过程呈现出来。

4. 微课应用在体育课后辅导中

对于高校体育教学而言，每一节体育课堂教学的时间通常是 45 分钟，有限的高校体育教学时间，使教师能够面面俱到地讲授内容、实现精细化教学几乎是不可能的，因此，一部分学生不能与教学节奏同步或者是不能充分掌握其所学运动技能的情况必定会出现。基于此，教师在体育课堂教学结束以后，将包含体育教学重点的微课视频向学生发放，以便于学生能够在课堂结束以后，练习已经学习的技术动作，复习对课堂上所学内容，切实保证温故知新，提升学生的学习效果。

5. 微课应用在体育课程分享中

从本质上讲，分享就是学习，学生们喜欢在朋友圈中分享一些好的视频课程，对身边的朋友、学生进行感染，使学习圈子得到扩大。因此，我们应该构建一种倡导分享精神的学习共同体，这样能够保证学习共同体的成员间互相督促，对有用的体育学习信息进行分享。例如，将微课应用在体育舞蹈教学过程中，在校园内，学生分享已经学习到的且比较感兴趣的体育舞蹈课，使越来越多热爱体育舞蹈的学生能够及时地获取学习资源。同时，学生还可以对校园内其他兴趣一致的学生进行自发组织，安排大家一起学习体育舞蹈微课，促进体育舞蹈社团的进一步发展，通过对社团活动的有效组织，如"快闪"等，使学生在课堂学习以外的生活得到丰富。

三、现代信息技术下的慕课教学应用

（一）授课形式

慕课是一种将在世界各地分布的学习者与授课者通过某一个共同的主体或者话题而联系在一起的课程学习方式。

几乎所有慕课的授课形式都是通过话题研讨的方式，并且只会将一个大体的时间表提供给授课者与学习者。但是一般讲，慕课课程都不会对学习者存在特殊的要求，一般会进行说明的内容比较简单，如阅读建议、每一周进行一次的问题研讨等。

（二）主要特点

1. 规模比较大

所谓的规模比较大，指的是面向网络开放的大规模课程，通常是指那些参与者发布出来的大规模的课程或者是大型的课程，慕课的典型形式就是这些大课程。

2. 课程网络化

慕课课程的相关材料通常在互联网上散布，而不是面对面的课程。此种课程的显著特征就是没有上课地点的特殊要求。例如，如果你想学习美国某所大学的一流课程，那么不管你处在什么地方，也不需要花费太多的金钱，只要有网络与电脑就能够实现。在一篇评

论文章中，斯坦福大学的前任校长汉尼希曾经表达过这样的观点，即由学界大师进行授课的小班学习课程，其水平很高。经过证实，网络课程也是一种能够获得高效成果的学习方式。

(三) 慕课在高校体育教学中的应用

1. 高校体育教学中慕课的应用价值分析

自慕课引入我国以来，已经过了很长的一段时间，同时对于此种新式的教学方法，许多学校都开始尝试，然而，慕课在高校体育教学方面的应用却非常少。实际上，慕课的教学方式在高校体育教学方面也是非常适用的。

随着网络的日渐发达，人们每天都会上网，不管是浏览网页，还是用社交媒体交流，我们都必须要承认的是网络在现代生活中承担的责任越来越大。对于慕课而言，应该基于此种现状并利用，在学习开展的过程中充分利用网络条件。

除此之外，作为一种学习方式，慕课还具备一定的主动性特征，任何人的监督与强迫都不会对其发生作用，按照自己的兴趣爱好，使用者可以选择、学习自己喜欢的运动。同时，慕课所拥有的资源范围是非常广泛的，在高校体育教学开展过程中对慕课进行应用，教师和学生实现对国外高校体育教学资源的分享与使用。现阶段，学校体育课的开展形式主要是体育教师授课，学生接受学习，即高校体育教学课堂教学中，教师首先讲解、示范，之后，学生再练习。然而，我国大多数中小学的体育课开展时间一般是45分钟，当体育课的准备活动做完以后，由体育教师进行体育技术动作的讲解与示范，此时，一堂体育课的时间已经耗费很多，学生们的练习活动无法在剩下的时间展开。对于这个问题，慕课就能够很好地解决。

体育微课视频中包含真人操作与讲解，能够帮助学生对于体育课堂上学习的动作进行复习与记忆。尽管高校体育课程的教学时间长达一个半小时左右，学生能够拥有足够的时间去学习、练习体育运动技术，但是，他们每门体育课只能修习一次。基本上每一个学期所要学习的内容都是相同的，但是学生的兴趣会存在差异，因此不利于一部分学生深入学习、练习的开展。

在高校体育教学中应用慕课的教学方式，不仅能够保证学生深入开展学习活动，还有利于学生自己掌握学习进度。同时，由于慕课中存在的学习资源是非常丰富的，有利于学生寻找到适合自己的运动方式。例如，对于部分学生而言，可能剧烈的运动不适合他们，所以，他们可以在慕课中自行寻找比较适合自己的运动，如此一来，不仅能够避免损伤身体的情况发生，还能够使体育锻炼的目的顺利实现。

实际上，如今许多家长也比较重视学生的体育锻炼问题，为了保证孩子的健康成长，家长总是喜欢带着孩子参加散步、晨练等体育锻炼活动。然而，这些体育活动的效果能够真正实现吗？大多数的时候，人们通常会认为，只要自己去参加体育锻炼了，那么就会有益自己的身心健康，然而，需要注意的是，如果人们不能应用健康的方式开展体育锻炼，那么在浪费体育锻炼时间的同时，还会在一定程度上对身体造成伤害。如果在高校体育教学中应用慕课的方式，便可在体育运动锻炼的过程中，参考标准的动作去完成体育锻炼，在这样的情况下，就像是一个专业的私人教练陪在自己身边，并对体育锻炼活动进行正确的指导。

2. 慕课应用在高校体育教学中的未来发展

慕课的教学方式来源于国外，在我国的高校教学中才刚刚起步，而且有一些内容对于我国高校而言是不适用的，必须要通过一定时间的磨合才能同我国的教学理念相适应。基于这样的情况，我国高校应该按照自己学校的特点自行录制慕课视频。同时，在录制慕课视频的时候，可以由多个学校的教师共同参与录制、讨论，再对多个优秀的视频进行选择，并上传到网上，方便学生们进行观看、下载、学习。由于不同的教师在讲课的风格与方式上存在不同，而慕课中包含多个教师的教学课程，所以学生就能够对最适合自己的教师进行选择。此外，还能避免大课参与人数过多，有效改善学生听课效果不佳的情况。将慕课应用在高校体育教学中，能够使小班教学的目的得以实现。同时，同一学科由多个教师进行录制，能够使比较与竞争更加容易形成，帮助教师对于自己的教学缺点进行更加仔细的观察，使高校体育教学质量得到提高。由于慕课在高校体育教学中的应用主要以网上教学为主，因此，要求学生的自主学习能力比较强。在高校体育教学考核的问题上，计算机考核的方式可以不再使用，体育教师组织学生开展网络学习以后，再安排传统方式的考试即可，这样能够有效避免学生作弊的情况发生，此外，还能够对学生通过慕课进行学习的效果进行检测。

慕课教学并没有完全地解放教师，比如，在高校体育教学开展的过程中，通过慕课教程开展教学的方式是可取的，然而，如果学生出现一些疑问，也只能是对同一个视频进行观看。因此，教师与学生之间的定期交流应该存在，如此一来，不仅能够使教师和学生之间的感情得到增进，还能够对学生的学习产生一定的帮助。尽管我国对于慕课的应用还处于刚刚开始发展的阶段，然而，在现代网络发展的背景下，慕课的发展是一种必然趋势。将慕课应用在高校体育教学中，能够给教师未来教学的开展带来一定的启示，但需要注意的是在使用慕课方式开展高校体育教学的时候，应该同国内的高校体育教学情况相结合。

例如，在篮球运动课堂教学开展的过程中，不仅要对手指上的动作进行教学，还要对脚上的动作进行教学，更重要的是还要将两者的教学活动紧密地联系在一起。因此，在制作相关慕课的时候，不仅要将这些动作分解，还要有一个规范的整体动作，以便于学生学习活动的开展。查阅相关的文献资料可知，尽管国内已经引入慕课的教学方式，但是慕课在高校体育教学中的应用还不广泛。如果想要构建一个体育慕课的完整体系，那么就需要具备相关的慕课教程。一般讲，由国外引入的教学资源通常都是外语，存在大量的体育专业名词，导致学生在理解上容易出现困难，面对这样的情况，在制作慕课的时候，可以聘请我国优秀的体育教师结合具体的教学情况制作。此外，针对慕课制作的情况，还要设定一定的标准，如果慕课没有达到标准，那么就不能够被使用，这对于慕课的推动与发展是非常重要的。

四、现代信息技术下翻转课堂的应用

（一）翻转课堂的特点

所谓的翻转课堂，词汇来源是英文词汇"inverted classroom"或"flipped classroom"，通常是指重新调整教学课堂内外的时间，从本质上讲，就是学习的决定权不再属于教师，而是由学生掌握学习的主动权。在翻转课堂教学模式的应用过程中，学生能够在课堂中的有限时间内更专注地开展学习活动，对于全球化的挑战、本地化的挑战、现实世界中存在的问题，教师与学生一起研究、解决，使理解的层次更加深入。

很多年以前，人们就对视频教学的方式进行过研究、探索。最直接的证据是：世界上大部分国家在20世纪50年代的时候就开展了广播电视教育。为什么传统教学模式没有受到当年所做探索的影响，而翻转课堂教学模式却被人们广泛关注呢？这可能是翻转课堂具有几个明显特点所导致的。

1. 教学视频短小精悍

不管是亚伦·萨姆斯与乔纳森·伯尔曼的化学学科教学视频，还是萨尔曼·汗的数学辅导视频，很明显它们都存在一个显著的共同点，即教学视频的短小精悍。即便是较长一点的视频也只有十几分钟的时间，而大部分的视频通常只有几分钟的时间。同时，每一个视频存在的针对性都是比较强的，如果能够针对某一个特定问题，那么也就会比较方便进行查找。翻转课堂应该尽量在学生注意力比较集中的时间范围内控制视频的时间长度，同学生的身心发展特征相适应。此外，在网络上发布的视频存在回放功能、暂停功能等，能够让学习者自行控制，使学生的自主学习得以顺利实现。

2. 教学信息明确清晰

在萨尔曼·汗的教学视频中存在一个比较明显的特征，即唯一能够在视频中看到的就是他的手，学习者可以看到他不断地书写一些数学符号并且将整个屏幕慢慢地填满，同时，在书写的时候，还有画外音的配合。对此，萨尔曼·汗自己的观点是，这样的方式同我站在讲台上讲课是不一样的，这样的方式就像将我们聚集在同一张桌子前面，一起学习。这也是同传统的教学录像相比，翻转课堂教学视频的不同之处。如果在视频中出现了教室中的各种摆设物品，或者是教师的头像，那么就非常容易分散学生的注意力，特别是当学生处于自主学习状态的时候。

3. 重新建构学习流程

学生的学习过程一般有两个阶段，即第一阶段——传递信息。它需要教师与学生之间的互动、学生与学生之间的互动。第二阶段——内化吸收。它需要学生在课堂教学结束以后自己完成。在学生自己完成的过程中，因为缺少教师的支持与同学的帮助，因此，学生在内化吸收的阶段经常会出现挫败感，使他们丧失学习的动力与成就感。

翻转课堂的教学模式使学生的学习过程得到重新建构。第一阶段的传递信息，是在课堂教学开始之前由学生完成的，而教师在提供视频的同时，也提供在线的辅导；此外，第二阶段的内化吸收，是在课堂教学开展的过程中，由互动实现的，对于学生存在的学习困惑与困难，教师应该提前进行了解，以便在课堂教学开展过程中对学生进行有效的指导，而学生与学生之间的互相交流活动，对于学生内化吸收知识的整个过程，也能够起到一定的促进作用。

4. 复习检测快捷方便

当学生观看完教学视频以后，会看到视频结尾处出现的几个小问题，通常是4个或5个，这能够帮助学生及时检验自己对教学内容的学习情况，同时，根据自身的学习情况做出合适的判断。如果对于这几个问题，学生的答案不是很理想，那么学生就应该回放一遍教学视频，并对出现问题的原因仔细思考。同时，通过网络平台，教师可以将学生回答问题的实际情况及时地进行汇总、分析、处理，使教师对学生学习情况的了解更加客观、全面。教学视频的另一个明显优势，就是能够在经过一段时间的学习以后，方便学生对学习过的知识进行复习与巩固。伴随评价技术的不断发展跟进，学生学习的相关环节已具有足够的实证性资料支撑,这对于教师真正意义上的了解学生是非常有帮助的。

(二)体育翻转课堂的实施策略

1. 做好在线虚拟教学平台的建设

在线虚拟教学平台搭建的主要目的在于为翻转课堂的实施创造前提和基础,这一平台主要包括教学内容上传模块、师生交流与答疑模块、在线测试与评价模块、学习跟踪与监控模块以及学习总结与成果展示模块等。体育教师通过这一平台,就可以将与高校体育教学相关的微视频、PPT、各种音频等教学材料上传至在线虚拟教学平台,还可以借助这一平台实现作业发布、在线测验、监督敦促、在线交流、在线评价等;学生则通过这一平台下载学习材料或在线学习,并同体育教师之间实现即时的交流与沟通。

2. 注重评价机制的创新

翻转课堂教学模式下的高校体育教学评价不能仅限于传统的纸笔测验,评价内容、评价主体、评价标准和评价方法等都应区别于传统教学,否则,翻转课堂的实施就会流于形式。翻转课堂模式下的高校体育教学评价应该把"以评促学""以评促教"作为评价的主要目的,并将学生的进步程度作为评价的主要指标,注重多元化评价的采用,只有这样,评价才能既有针对性又不失全面性。多元化评价主要表现在评价主体、评价内容、评价方法、评价阶段等方面,紧紧围绕促进学生的"学"和促进教师的"教"两个方面,最终将提高教学实效作为评价的主旨。

3. 注重提高体育教师的综合素养

无论何种教育教学的改革,教师始终是改革成败的核心与关键。作为信息化社会的产物,翻转课堂不仅是一种先进的教学理念,还是一种先进的教学方法,它对体育教师的综合素养提出了较高的要求。体育教师既是在线虚拟教学平台的搭建者、设计者和使用者,又是教学视频等学习资源的开发者和上传者;既是学生学习与实践的组织者、引导者,又是学生学习成果评价的设计者和评价者;既是学生在线学习情况的监督者和敦促者,又是教学设计的完善者。

4. 追求体育课堂实效,避免翻转课堂异化

翻转课堂作为一个新生的事物,虽然顺应了信息化社会的时代背景,但还没有形成公

认的科学实施模式,虽各个学科对翻转课堂的研究成果较为丰富,但各类研究还存在很多的不足,综合起来主要表现在几个方面。

(1)避免弱化教师作用而过度强调以学生为中心

翻转课堂模式下,体育教师虽然把课堂讲解与示范的时间让位给了学生,但并不代表教师的作用被弱化了,事实上,体育教师的作用变得更加关键,而不是被弱化。课前教学视频的录制和搜集、教学资料的优化与整合、在线虚拟教学平台的建设与管理、课中体育教师的讲解与示范、学生活动的设计与组织、课后学生学习结果的考核与评价、教学方案的优化与修订等,每一项工作都离不开教师的付出。如果对体育教师的作用过度弱化,学生的学习就会失去学习系统性和效能,高校体育教学将最终难逃沦为"放羊式"的结果。

(2)加强对学生课前学习的跟踪和检测

对于翻转课堂教学模式而言,"掌握学习"是其建构的重要基础。翻转课堂的有效实施离不开学生的自主学习。作为现实社会中的复杂存在,学生在课堂教学开始之前的在线学习,并不是每一次都能够针对高校体育教学内容有效的、自觉的学习。因此,教师有必要对学生进行适当的检测与跟踪,它不仅能够对学生的技能学习和知识学习的完成起到督促作用,还能够有效培养学生的自主学习能力。

(3)重视学科差异,避免出现一味借鉴其他学科经验的情况

现阶段,对翻转课堂教学模式的相关理论研究成果与实践研究成绩,主要是基于其他学科的基础研究,在体育学科的理论等方面的研究还并不是十分成熟。在对高校体育教学中的翻转课堂教学模式的应用研究时,不可避免地要借鉴其他学科的实践经验,但是,学科与学科之间的差异是肯定存在的,在其他学科领域比较适用的理论和经验,在体育学科中不一定适合使用。因此,在翻转课堂教学模式具体实施的时候,应该把握好体育学科的本质特点,有选择地吸收、借鉴其他学科的理论与经验,对于生搬硬套的情况要避免发生。

(4)避免对形式的过度追求

实施翻转课堂教学模式的主要目的是在一定程度上提升高校体育教学的实效性,这一点是毫无疑问的。高校体育教学离不开价值理念的支持与丰富,体育课程教学的一种至高境界是对于既正当又有效的高校体育教学理念进行贯彻,如果过分追求形式而对高校体育教学的效果不够重视,那么即便是翻转课堂的教学模式得以实施,也没有任何意义。

在高校体育教学改革深入发展的特殊阶段,在广大体育教师积极投身于高校体育教学改革的今天,对于翻转课堂教学模式,我们依然应该谨慎地对其缺陷与优势进行审视,尤其是要避免对于偏离翻转课堂的本质而过度追求形式的情况发生。

第三节　目标教学与课程的创新设计

教学模式的改革和课程的创新是高校体育教学改革中的重要一环。其中，目标教学模式便是一项符合当前社会需求的教学模式。因此，加强目标教学和课程创新设计的研究对推动高校体育教学的改革有着重要作用。

一、目标教学探究

目标教学是以教学单元为控制教学过程的基本单位，以教学目标为中心组织教学活动，以异步教学为教学活动的基本组织形式，以可控变量作为优化教学活动的着力点，以教学评价保证教学活动有效运行的教育教学新体系。其导向功能、激励功能、调控功能和评价功能是其他教学模式难以取代的。因此，在高校体育教学研究中加大对目标教学的研究，增大目标教学在高校体育日常教学中的比重有着重要的意义。

(一)目标教学的基本课堂结构

1. 要素结构

目标教学的课堂教学要素包括三部分：教师、学生和认知信息。

2. 行为结构

目标教学的课堂教学围绕每一个明确具体的教学目标，重点调控影响教学效果的三个变量(认知前提、情感特性和教学质量)，充分运用检测——反馈手段，采用群体教学与个别教学相结合的形式，构建课堂教学行为结构。

3. 程序结构

目标教学大致包括四个环节的程序结构：前提测评——认定、展示目标——达标导学(实施目标)——达标测评。

(二)实施目标教学的体会

(1)目标教学中，每个单元教材连续授课，这种形式从运动心理学的角度看，对大脑感知学过的动作技能有相当大的帮助,更有利于运动表象的形成。

(2)教学目标是课堂教育教学的起点和归宿,因此,课时教学目标必须制定得准确、合理,一般应遵循以下几个基本原则。

①科学性:教学目标要依据教学大纲和教材,遵从学生的认知规律和心理规律,把知识的获取和能力的培养有机结合起来。

②具体性:教学目标要制定得具体、清晰,使学生目标明确、有的放矢。

③层次性:课时教学目标应当是分层次的、递进的,使不同层次的学生"蹦一蹦"摸得到、"跳一跳"够得着,保护学生的学习积极性,发展学生个性。

④可测性:教学目标的制定要便于测试和评价,可操作性要强。

(3)教学过程中应重视反馈与调控手段的运用,通常的做法是:课前展示目标,使学生明确目标,激励学生达标;通过前期测评了解学生基础,便于分层次教学;在达标导学过程中及时反馈和纠正,帮助学生完成达标测评后,应提出具体的改进措施和要求。以上各环节都是紧扣教学目标而完成的。

应通过教学中的多次反馈、纠正,实现教学效果与教学目标的统一。

(4)以教学目标为主线,充分采用"启发式"和"讨论式"的教学方法,提高学生的参与意识,努力实现由教师为中心向学生为中心的转变。

①在课堂教学过程中,教师应针对教学目标设疑激趣、设疑激思,鼓励学生讨论,变学生"被动学习"为"主动学习",变"要我练"为"我要练"。

②注重学法指导。指导学生学会观察、分析动作技术,学会思考问题,引导学生多了解、掌握一些卫生保健常识、动作技术形成的规律、练习方法、易犯错误及纠正方法,从而提高学生创新能力,为终身体育奠定基础。

③变革教学手段,创新、运用教学媒体。简便实用的教学手段、丰富直观的教学媒体,有利于学生自我反馈和自我学习。

④适时分层教学。因为学生间存在着个体的差异,所以在教学中应因材施教、因能施教,按学生体能分组,针对不同学生采用不同的教学手段和教学措施。对学生有共同的基本要求,也有不同的因人而异的目标,课堂上"学生吃得多的多给,吃饱为止""吃得少的少给",保证学生"吃得饱"和"吃得了"。

⑤采取以表扬为主的方法,及时认定学生的成绩,热爱学生、信任学生,让学生积极参与教学效果的评价。

⑥注重师生、学生之间的情感交流,努力营造一个宽松、愉悦的学习氛围。

(5)体育目标教学应注重与其他学科知识的联系。

(6)目标教学要及时规范培养学生思想品德教育和行为。

二、课程方案的创新设计

创新不同于发明,并未改变事物的本质,只是对构成事物的基本要素进行新的组合,从而使其显现出新的特点和功能。

同一教材、同一年级,不同学校、不同任课教师可上出许多不同特点的体育课,这就是构成课的基本要素被多种方式组合的结果。

(一)隐性体育课程及其教育设计

1. 隐性体育课程的概念

"隐性体育课程"是相对于"显性体育课程"而论的,即指学校范围内除显性体育课之外,按体育教育目的及其具体化的体育教育目标进行设计的校园体育文化要素的统称。其含义有如下几点。

(1)隐性体育课程属于学校体育文化,是学校中除显性体育课程之外的所有体育文化要素。

(2)隐性体育课程较偏向于非学术性,但它并不完全排除学术性内容,例如,课外体育活动、体育科普读物、体育宣传等,其内容具有明显的学术性。

(3)隐性体育课程必须是有目的的规范设计的。它作为体育课程的一部分,应有明确的目的指向性,其作用范围和施加影响必须按照一定的体育教育目的和培养目标进行规划设计,使之处于意图性和预期性状态。只有这样才能被称为隐性体育课程。

2. 隐性体育课程的作用

合理有效地进行隐性体育课程的教育,对于贯彻素质教育、提高体育教育效果具有重要的作用。

(1)通过实体性和非实体性的学校体育文化、学校体育精神给学生传授体育思想、体育价值观念,激发学生的体育学习动机,提高学生的体育学习积极性。

(2)多渠道地给学生传授体育知识、技能,全面提高学生的体育素质和健康水平,弥补显性体育课程的不足。

(3)促进学生形成良好的体育锻炼习惯,建立健康的生活方式,为学生形成终身体育理念奠定基础。

(4) 培养学生的心理品质，特别是培养学生的性格、气质、动机、爱好、情绪等非智力因素，促进学生人格的全面发展。

3. 隐性体育课程的教育设计

隐性体育课程要有效地发挥其固有功能，不能是随意的或自发的，而应在分析与掌握隐性体育课程的构成要素的基础上，按照一定的教育设计原则进行科学、合理的教育设计。

(1) 隐性体育课程的构成要素

①按照体育教育目的及其具体化的体育教学目标选择，不指向体育学科内容的实体性体育精神文化，包括学校图书馆的体育类图书、报纸、期刊，以及社会传入学校，经教师指导、选择的体育图书、报纸、期刊等。

②按照体育教育目的及其具体化的体育教育目标，创造的非实体性的体育精神文化。它包括两方面的内容，一是体育制度文化，主要包括学校的有关体育规章制度、体育管理体制、教师的体育道德规范、师生的体育活动行为要求等；二是非制度体育文化，包括学校领导对体育教育、体育活动的认识及重视程度，体育教育的工作方式和工作作风，教职员工的体育意识、体育价值观念、体育锻炼行为方式以及体育活动的风气与习惯等。

③按照体育教育目的及其具体化的体育教育目标，建设的由学校体育物质环境构成的体育物质文化。校园体育物质文化包括学校体育场馆建筑、布局，学校体育的设备条件，体育雕塑、体育宣传标语、条幅、师生的体育运动服装等。

在隐性体育课程的构成体系中，校园体育物质文化和实体性体育精神文化都是有形的，而非实体性体育精神文化是无形的，隐性体育课程的结构就是有形和无形的多种体育文化要素的有机结合。隐性体育课程的三大要素之间相互渗透、相互影响、相互促进，形成结构复杂的体系。

(2) 隐性体育课程的设计原则

①一体化原则：设计时必须考虑学校、社会和家庭三种环境对学生的多种影响，把多项因素统一起来进行一体化设计。

②协调优化原则：构成隐性体育课程的要素是复杂多样的，在设计时应合理组织安排各种要素，使之协调一致，处于优化状态。

③增强特性原则：为了更好地形成特定的学校体育氛围并对学生施加影响，以达到预期的目的，应有意通过增强或突出隐性体育课程中的某些特性，因人、因事、因地、因时做出安排与调整。

④适应性原则：应充分考虑不同年龄阶段的学生的身心发展特点和需要，融玩乐性、

思想性和知识性为一体，促进学生身心全面发展。

⑤控制转化原则：设计时，应对各种外来的体育信息进行有效的控制和正确的引导，消除不利因素，强化积极有利的因素。

⑥因校制宜原则：设计时，应根据学校的客观条件，因校制宜，充分发掘和利用学校自身的优势，设计适合本校实际情况的隐性体育课程。

(二)"超市"教学课程

"超市"是一种开放式的购物形式。这种新型购物方式的特点，是把顾客放在主体的地位，顾客置身于"超市"之中，任意挑选自己需要或喜爱的商品。在实施素质教育的今天，我们不妨把"超市"的这种经营理念引进体育教学课堂，让学生在开放的、民主的、和谐的、轻松的气氛中，根据自己的发展需要，自主选择、独立思考、主动学习。

在体育教学中，如果教学的要求相对统一，学生对教学内容的掌握情况相对一致，那么，采用完全整齐划一的集体授课形式，效果比较明显。但实际情况中，体育教学的课堂教学要求并不总是整齐划一的，学生在学习或复习某些教学内容的时候，其准备状态和已有基础也并不完全一致。这种情况下，课堂教学就应该在集体教学的背景下，教师向学生提供足够多的"超市货物"，充分发挥学生的主体性，让学生自主地选择学习内容、学习方法及步骤。

学习动作的一般步骤是教师先示范、讲解动作要领，学生按照教师的要求、步骤去练习，然后，教师再去纠正学生的错误动作。这种传统的教学步骤，使得教师主宰了整个课堂，而学生自主学习的权利则相对被剥夺了，学生的个性，特别是创新思维的发展也在一定程度上被扼制了。那么，在学习动作阶段，是否可以开设一个"超市"呢？回答是肯定的。例如，一位教师在引导学生学习接力传接棒技术时，只提了这样一个问题："大家思考并且实践一下，在迎面和同向接力中，怎样交接棒，才能做得既快又稳呢？"他给了学生一个比较宽松的自主选择的范围，能诱发全体学生参与学习的积极性和创造性，从而使一个人人都能参与、个个都乐于参与的课堂教学新格局得以形成。其间，教师的主要任务只是对学生的感悟做出有效的启发、指导和帮助。

事实证明，开设这样的"超市"，能够引发学生积极主动地思考，充分发挥学生的想象力，发展学生的创造性思维。

在复习课的教学中，我们发现复习动作对学生说，并不全是没有掌握动作方法，有的学生已经会做，而且也做得比较好了，但是在实际教学中，许多教师往往会忽略这一点，而采用"一刀切"的方式进行教学，让全班在同一起跑线上，按照一定的程序复习。殊不知,如此教学不仅浪费时间,还会使学生感到索然寡味。但如果在教师引导之下,在课堂中开设"超市",让学生自主选择学习的内容,各取所需。这样,不仅把有限的课堂教学时间还给了学生,还激发了学生自主学习的热情。

体育课的素质练习,一般都是教师安排某一固定的练习项目。例如,练习上肢力量,学生一起做俯卧撑;练习腰腹力量,学生一起做仰卧起坐等。这种教学方式使教师忽视了学生之间的个体差异和学生的兴趣爱好,学生没有选择的余地。因此,教师选择多种训练上肢力量或腰腹力量的项目,让学生从这几个项目中任选一个项目练习,运动量以达到自己最大强度的百分率确定。学生选择自己喜爱的练习项目练习,运动量由自己掌握,可自己从"超市"中选择内容,其练习的兴趣将会大大提高。

准备活动是体育课必不可少的部分,一般都是由教师带领学生去做,形式单调、内容枯燥。学生常常对其中的内容不感兴趣,教学的效果往往不佳,同时也影响了学生整堂课的情绪。因此,设立一个"超市",让学生根据本课的教学内容、教学目标,自由地、有针对性地选择内容、方式练习。例如,让学生自由选择准备活动的内容(如徒手操、游戏等);打破固定分组的形式,学生自由组合进行练习;自由编操,自己喊口令等。从而调动学生学习的积极性,提高学生练习的兴趣和锻炼的实效。

体育课的结束部分,学生的生理和心理都已疲劳,但各个学生的疲劳程度却不尽相同,如教师还硬要学生按照统一的动作进行放松整理,那就不一定是放松了。因此,教师在课堂结束部分,安排一段音乐,让学生根据音乐(或不根据音乐)自由放松,并可以选择单人、双人、多人、男女混合等多种形式,选择多种放松的内容,学生在这样的环境下,才能获得真正意义上的放松。

在课堂上开设"超市",不能简单地理解为在体育课中给学生安排一定的自由练习时间,或放手让学生自己去练,学生爱怎么练就怎么练,更不是要重新回到"放羊式"教学的老路上去。在课堂上开设"超市",是适应素质教育要求而采取的一种新的教学模式,它强调学生的主体作用,但绝不是要降低教师的主导作用。教师在上课前一定要精心安排教学内容,设计教学程序。在上课时,要注意对学生的启发、诱导和点拨,并鼓励学生能大胆地去选择、去发现、去感悟。只有这样,学生的主体作用才能真正得以发挥,才能真正体现"健康第一"的指导思想。

第四节 创新思维的运用

创新活动的开展,离不开创新思维的作用。体育教育经过多年的发展,已经成为学校的一项重要教学活动,但仍存在很大的挖掘空间。创新作为社会发展的基础,体育教学同样需要将其作为发展的手段,才能适应学校教育事业的改革。其中,创新的思维能够给从事体育事业的教育工作者带来新的教学理念,引导教学活动的创新性开展。

一、创新思维在体育教育体系中的应用

鉴于创新思维在体育教学体系中的重要作用,我们需要在教学活动中有效应用创新思维,结合教学的实际问题和基本要求,提高创新思维应用的针对性。

(一)教育观念的转变

传统教学理念没有要求学生掌握"举一反三"的能力,而仅要求学生掌握课堂的基本知识和相应的技能水平,比如掌握篮球比赛的基本规则,以及篮球进攻、防守等的基本动作,使学生能够灵活应用所学到的基本知识和动作,并打赢篮球比赛,但教师并没有重点关注学生的创新意识。因此,在应用创新思维的时候,需要对现有的教育观念进行转变,让教师从知识灌输者的身份,转变成为学生的引导者、帮助者和交流者等,并采用启发式、讨论式、探究式的教学方法,培养学生独立思考的能力,在掌握旧知识的基础上,自我构建新的知识体系,培养学生的良好的学习习惯,让学生完成自我提升的过程,体现出学生在教学中的自我价值,从而增强学生的自主创新意识。

(二)教学氛围的营造

教学氛围的营造,是创新思维应用的"软条件"。学生只有在自由和舒适的教学环境下,才能够有效调动创新意识,进而激发自己的创造性和积极性。

1. 安全心理环境的创造。让学生从心理层次上感觉到接受教育的自由,没有太大的压力,教师应该以表扬、引导等方式,帮助学生消除学习中的困惑,以及纠正学生在学习上的错误。

2. 愉悦教学环境的创造,教师应该善于利用教育活动,以平衡和合作的学习方式,

鼓励学生为实践教学提出改善建议,这样才能够营造良好的教学气氛,为学生提供一个发挥创新思维作用的机会。

3. 阶梯问题情境的创设,教师应在引导的基础上,让学生在提出问题和解决问题的过程中,获得新的知识,从心理层面上增强获得知识的信心,以层层递进的提出问题方式,层层解读问题解决思路,教学氛围就不会过于死气沉沉,学生的创新思维才有可能被调动起来。在营造教学氛围的同时,离不开学生的参与,教师应该将学生当作教育的主体之一,不断地激励学生参与其中,就好比德国教育学家第斯多惠所说:"教学的艺术不在于传授本领,而在于激励、呼唤。"可见体育教学当中,教师和学生交流知识、情感的重要性,教师需要给予学生更多参与的权利。

(三)教学手段的更新

体育教育体系的创新思维需要具备一定水平的"硬条件",即教学的手段,这是保证教学质量的关键。教师的教学手段实际上是创新思维的结晶。如果一个教师的教学思维固定,所采取的教学手段势必单一,所取得的教学效果也只能停留在某个水平,因此,我们需要更新教学手段。应对比、分析现有的教学手段,找出存在的不足之处,创新原有的教学手段,融入创新的思维,才能够提高教学的实效性。

二、创新思维在体育教学方法和教育制度中的运用

(一)以创新思维构建体育教学方法

1. 传统的体育教学方法是老师教、学生学,是单向的。这种机械式的教学毫不生动,而且重复的教学工作不易提升体育老师的积极性。而新的教学方法要求教育者注重学生的反应,再根据学生的反应和自身的特点,修订教学内容,最终形成一种互动式的教学。

2. 传统的体育教学方法是利用已有的器材并发挥它们本身的作用。比如,跑道就是用来跑步的,单杠就是用来做引体向上的,铅球就是用来投掷的等。而利用创新思维构建的新的体育教学方法是除了发挥教学工具的本身作用外,还应当发现它们新的功能,比如可以利用跑道开展各种趣味比赛等。

3. 传统的体育教学方法是只有老师教,老师自身的竞技水平和比赛经验对于上课的效果至关重要,所以无形中对体育老师的要求大幅提高。而新的教学方法让有一定竞技水平的学生充当老师或者示范者,便于学生接受动作要领。

4. 传统的教学方法中，交流的机会很少，这在无形中大大挫伤了体育教育者和学生的积极性。而新的体育教学方法要求各省、各市、各学校之间加强交流，扩大高校体育的影响，从而带动更多的人从事体育活动。

（二）以创新思维构建体育教育制度

NCAA（美国大学生体育协会）就是一个很好的高校体育制度。在美国，NCAA所能引起的关注度丝毫不亚于职业比赛，这不仅有制度科学的原因，更重要的原因在于该项制度每年不断被修订。正是由于制度的不断更新，才增强了高校体育的生命力，扩大了高校体育的影响力。

我国要结合自身特色，运用创新思维构建新的体育教育制度，比如增加体育科目的学分、开展各个项目的区域甚至全国联赛等。这些制度的革新有利于高校体育的发展。

随着我国社会经济的不断发展，越来越多的大学生开始热爱体育、关注体育，并热衷于参加体育运动。提高全民健康素养、身体素质，加大学校健康教育力度已成为目前体育改革中的重点研究课题。大学生是社会的一个特殊群体，其健康状况对自身学习以及今后参加社会工作都会产生非常重要的影响，体育锻炼在促进他们全面发展方面有着不可低估的作用。保持健康的体魄也成为现代大学生追求的重要生活目标之一。在校大学生通过体育课培养与实施科学健身，不仅对于其提高体质具有重大而深远的意义，而且也是他们养成健康生活方式的重要途径。

主要参考文献

1. 刘景堂. 高校体育教学改革研究[M]. 北京：中国纺织出版社，2020.
2. 张京杭. 高校体育教学方法实践探索[M]. 北京：现代出版社，2020.
3. 谢明. 高校体育教育理论探索与实务研究[M]. 长春：吉林人民出版社，2020.
4. 邱天. 高校体育创新思维的教学与实践[M]. 厦门：厦门大学出版社，2020.
5. 康丹丹，施悦，马烨军. 高校体育文化建设与大学生体育健康[M]. 长春：吉林人民出版社，2020.
6. 谢萌. 高校体育文化教育研究[M]. 长春：吉林人民出版社，2021.
7. 谢宾，王新光，时春梅. 高校体育教学与运动训练研究[M]. 长春：吉林人民出版社，2021.
8. 马顺江. 互联网+教育背景下高校体育教学创新思路研究[M]. 沈阳：辽宁大学出版社，2021.
9. 朱晓菱，倪伟. 体育健康与实践[M]. 上海：上海大学出版社，2021.
10. 刘佳，南子春，马占菊. 校园体育文化的建设与发展探究[M]. 北京：中国纺织出版社，2021.
11. 受中秋，王双，黄荣宝. 高校体育教育发展与改革探究[M]. 长春：吉林大学出版社，2018.
12. 谢丽娜. 高校体育风险管理研究[M]. 长春：吉林人民出版社，2020.
13. 谢明. 高校体育教育理论探索与实务研究[M]. 长春：吉林人民出版社，2020.
14. 冯娟娟，李德伦，周玫. 高校体育文化与大学生体育运动[M]. 吉林出版集团股份有限公司，2020.
15. 王丹，周岳峰，陈世成. 高校体育理论知识与实践研究[M]. 吉林人民出版社，2021.
16. 李启迪，邵伟德. 体育教学基本理论研究[M]. 北京：北京师范大学出版社，2014.